DOSSIER
Science et technologie

2e cycle

Sous la direction de
Ginette Létourneau

GRAFICOR
MEMBRE DU GROUPE MORIN
171, boul. de Mortagne, Boucherville (Québec) J4B 6G4
Tél.: (450) 449-2369 • Téléc.: (450) 449-1096

Mes chantiers DOSSIER SCIENCE ET TECHNOLOGIE

Supervision du projet et révision linguistique
Sylvie Lucas

Correction d'épreuves
Mireille Côté

Conception graphique, réalisation et direction artistique
diabolo-menthe

Illustrations
Sophie Casson, p. 104-105
diabolo-menthe, p. 10, 18 (téléphones) 26, 32, 35 (tunnel),
  37, 43, 60-63, 64-65 (drapeaux), 82, 98, 107, 108, 116, 132,
  134-135, 136-137 (bande étoilée)
Arto Do Kouzian, p. 117 (leviers)
Frefon, p. 11, 13, 19-20, 22, 33, 36, 39-41, 54, 83, 96-97, 101,
  111, 114, 116 (pied-de-biche, crayon et règle),
  117 (éléphant, pêche), 120-121, 128-129, 136 (la terre
  autrefois), 141, 146, 147, 148
Jacques Goldstyn, p. 18 (Bell), 21, 24-25, 109, 110, 122-124
Michel Grant, p. 48, 50-51, 53, 64-65, 72, 73, 76-77, 113, 115,
  125, 126, 138, 145
Stéphane Jorisch, p. 46-47, 58-59
Bertrand Lachance, p. 8-9, 30-31, 34, 35 (jumbo), 52, 68, 74-75,
  78-79
Céline Malépart, p. 7, 57, 66-67, 131

Photos
Archives nationales du Canada / C-103003
Association touristique Chaudière-Appalaches, p. 45 (pont
  couvert)
Comstock, p. 102-103 (sable)
Corbis, ©Jose Luis Pelaez Inc. p. 6, ©Onne van der Wal p. 56,
  ©The Mariner's Museum p. 66, ©Richard Cummins p. 106,
  ©David Woods p. 130, p. 139 (satellite), ©Reuters
  NewMedia Inc. p. 140 (carte météo)
Corel, p. 12 (ouvrier), 31 (pont Jacques-Cartier), 37, 42,
  (Golden Gate), 49 (édifices), 69 (éolienne), 80, 84-85
  (poisson, crustacé, céphalopode), 92 (ours), 97 (colibri),
  118 (Chrysler Building, Empire State Building), 119, 121,
  132, 142 (neige), 144 (brume)
diabolo-menthe, p. 66 (pièce de monnaie)
Arto Do Kouzian, p. 142 (verglas), 144 (stratus),
  148 (anémomètre)
Environnement Canada, p. 144 (cirrus, cumulus)
EyeWire, p. 8, 25 (flûte de Pan), 29, 70 (roue de gouvernail), 96
Gamma, p. 111 ©Rossi-Le Corre / Gamma / PONOPRESSE (vélo)
Garde côtière canadienne p. 73
Henry Hart, p. 31 (pont Laviolette)
ITHQ, p. 52 (Manic 5)
Ginette Lambert, p. 55 (maison de terre)
La Terre de chez nous, p. 95 (moissonneuse)
Maison de l'astronomie P. L. inc., p. 14 (télescope)
Caroline McClish, p. 100 (assiette de lentilles), 127 (balance
  fabriquée)
MAPAQ, p. 95 (carottes)
Mégapress, Y. Tessier p. 32, Newman M. p. 69 (arroseur), Ritay
  p. 87 (hutte), Réflexion / Caron p. 87 (nid),
  M. Howell / Camerique Mégapress / Réflexion, p. 118 (Sears
  Tower), Allover p. 118 (tours Pétronas)
MRN, Lina Breton p. 89 (phasme), 91 (oiseaux)
OTCCUQ, p. 43

Parc olympique, p. 44
PhotoDisc, p. 9, 10-11, 12 (tuba), 14 (loupe, microscope),
  15 (caméra, radiotélescope, téléphone, disque laser),
  16-17, 19, 21, 24, 25 (maracas), 29, 38 (tour Eiffel) 39-41,
  44 (tour Eiffel), 46 (palette, papillon, fleur), 47 (pinceau),
  52 (billes), 53 (crayon), 55 (truelle, terre), 64, 68, 69 (bulles,
  ventilateur), 70 (mer), 71 (loupe, bécher, erlenmeyer),
  72, 74-75 (eau), 76 (cerf-volant, ciel), 77 (ciel, corde),
  78-79 (ballons), 81, 84-85 (tous sauf poisson, crustacé,
  céphalopode), 86 (toile d'araignée), 88, 89 (gazelles,
  scorpion, mouffette), 90 (escargot, chat, cactus), 91 (œufs
  dans nid, œuf, feuillage), 92 (zèbres, bébé, canard), 93
  (veaux), 95 (carotte), 97 (faucon), 99, 100 (graines), 102-103
  (tortue, cailloux, bois), 107, 108, 109, 110-111 (roues),
  127 (balance), 132, 133, 134 (croissant de Lune),
  139 (cônes de pins, Terre), 143, 148 (ampoule)
Robert Piquette, p. 45 (pont de Sydney)
Pont de la Confédération, p. 42 avec permission de Strait
  Crossing Bridge Limited
Maxime Saint-Amour, p. 91 (œufs de morue)
©Société canadienne des postes, 1929, Reproduit avec
  permission, p. 67
SuperStock, ©Nigel Hicks p. 28, ©Steve Vidler p.36 et 38 (tour
  du CN), ©GoodShoot p. 48 (Machu Picchu), ©J. Silver
  p. 134-135 (Lune), ©Musée du Louvre Paris p. 137 (procès),
  ©David Forbert p. 142 (fleur)
Veer, p. 23

Données de catalogage avant publication (Canada)

Vedette principale au titre :
Mes chantiers. Dossier science et technologie, 2e cycle

Pour les élèves du niveau primaire.

ISBN 2-89242-881-5

1. Sciences – Ouvrages pour la jeunesse. 2. Technologie –
Ouvrages pour la jeunesse. 3. Sens et sensations – Ouvrages
pour la jeunesse. 4. Construction – Ouvrages pour la jeunesse.
5. Machines – Ouvrages pour la jeunesse. 6. Temps – Ouvrages
pour la jeunesse. I. Lambert, Ginette.

Q161.2.M46 2003   500   C2003-940396-3

Nous reconnaissons l'aide financière du gouvernement
du Canada par l'entremise du Programme d'aide
au développement de l'industrie de l'édition pour
nos activités d'édition.

Gouvernement du Québec – Programme de crédit d'impôt
pour l'édition de livres – Gestion SODEC

Dépôt légal 2e trimestre 2003
Bibliothèque nationale du Québec

ISBN 2-89242-881-5
Imprimé au Canada   1 2 3 4 5 6 – 7 6 5 4 3

Table des matières

TOUTE UNE EXPÉRIENCE!

Lorsque tu fais une expérience, tu dois procéder comme les vrais scientifiques.

Si ton expérience ne réussit pas la première fois, ne te laisse pas décourager! Les erreurs et les difficultés peuvent aussi t'apprendre à procéder avec plus de précision. Dis-toi que les savants ont répété plusieurs fois la même expérience avant d'obtenir des résultats satisfaisants...

ÉTAPES

1 Observe attentivement (un animal, une plante ou un objet). **Formule une question précise** ou explique le problème que tu aimerais résoudre.

EXEMPLE: «Quelle forme dois-je donner aux ailes de mon planeur pour qu'il aille le plus loin possible?»

2 Formule une hypothèse. Essaie de prévoir une réponse à ta question.

EXEMPLE: Si je modifie la longueur des ailes, mon planeur volera plus loin.

(Ne modifie qu'une seule chose à la fois, sinon il te sera difficile de dire pourquoi ton planeur est allé plus loin.)

3 Décris ce que tu veux faire pour répondre à ta question de départ. Précise les moyens ou outils (règle, balance, etc.) à utiliser. Consulte des livres ou des experts pour t'aider à comprendre certains détails.

4 Réalise ton expérience. Observe ce qui se passe et prends des notes pour ne rien oublier.

Prends des mesures précises. Fais des dessins. Écris clairement tes résultats sur une fiche.

5 Compare les résultats de ton expérience à ton hypothèse. Est-ce qu'elle s'est vérifiée? Est-ce que les résultats obtenus sont ceux que tu avais prévus? (Dis-toi qu'il n'existe pas de bonnes ou de mauvaises hypothèses. Ton expérience est valable même si ce qui est arrivé est différent de ce que tu avais prévu.)

6 Formule des conclusions. Quels ont été tes résultats? Qu'est-ce qu'ils signifient? Quels sont les résultats d'autres équipes ou d'autres chercheurs qui s'intéressaient à la même chose que toi?

7 Communique tes résultats. Les scientifiques publient leurs résultats afin d'alimenter les débats. Discute de tes observations et considère les commentaires de tes camarades. Les résultats d'une expérience ne sont pas toujours des réponses, ce sont parfois aussi de nouvelles questions!

Les sens sont les premiers moyens mis à ta disposition pour observer tout ce qui t'entoure. Quels sont tes cinq sens ? Lequel te permet de percevoir la texture rugueuse ou lisse de la peau d'un fruit ? Lequel te permet de distinguer sa saveur sucrée ou acide ? Sa douce odeur parfumée ?

Les sens

Sur ses deux oreilles

Comment font dans l'eau les poissons
Pour dormir sur leurs deux oreilles ?
Tom se pose trop de questions
En essayant de trouver le sommeil.

Comment font les serpents lovés
Pour prendre leurs jambes à leur cou ?
Tom a fini de s'interroger,
Il dort déjà, sur ses deux joues.

Michel Boucher, «Sur ses deux oreilles»,
N'en faire qu'à sa tête, Paris, Actes Sud Junior, 2001,
p. 24 (coll. Les Bonheurs d'Expression).

Des yeux au bout des doigts

Si tu cherches dans ta poche
Ta toute petite broche,
Si tu attaches dans ton dos
Tes boutons jusqu'en haut,
Si tu tresses sur ta tête
Plein de petites couettes,
Si tu noues tes lacets
Dans le noir complet,
Si tu fais tout comme moi,
C'est que, toi aussi, tu as
Des yeux au bout des doigts.

Michel Boucher, «Des yeux au bout des doigts»,
N'en faire qu'à sa tête, Paris, Actes Sud Junior,
2001, p. 38 (coll. Les Bonheurs d'Expression).

POURQUOI PORTE-T-ON DES LUNETTES ?

Le cerveau, un outil indispensable pour VOIR

■ Ton œil capte l'image lumineuse des personnes et des objets. L'image se forme à l'envers sur la rétine. L'œil transmet cette image au cerveau sous forme d'informations électriques. Aussitôt, le cerveau analyse ces informations et reconstruit l'image à l'endroit.

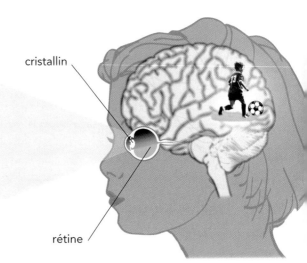

cristallin

rétine

VOIR au loin

Pour un objet lointain, l'image se fait correctement sur la rétine. L'image est nette et à l'envers.

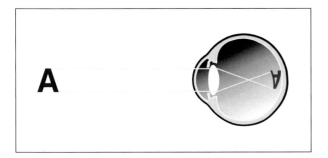

Le cristallin a sa forme naturelle.

VOIR de près

Pour un objet proche, le cristallin se courbe un peu. L'image apparaît alors sur la rétine. C'est l'accommodation. L'image est nette et à l'envers.

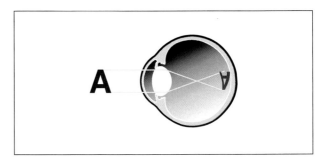

Le cristallin se bombe.

Savais-tu qu'il existe plusieurs défauts de la vision ? que parfois un œil voit mieux que l'autre ? que certaines personnes ne sont pas capables de distinguer les couleurs ?

Comment VOIT un myope ?

Les myopes ont un œil un peu long et ovale. L'image des objets éloignés est nette avant d'arriver sur la rétine.

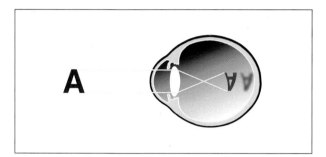

L'image nette se forme trop tôt et l'image sur la rétine est floue.

Comment corrige-t-on la VUE d'un myope ?

Pour que l'image des objets lointains soit nette sur la rétine d'un myope, on place devant ses yeux un verre correcteur qui écarte les rayons lumineux.

Grâce au verre divergent (concave), l'image nette se forme sur la rétine.

Comment VOIT un hypermétrope ?

L'œil hypermétrope est un peu trop court. L'image est nette après la rétine. Si le défaut est léger, l'accommodation du cristallin suffit pour voir une image nette sur la rétine.

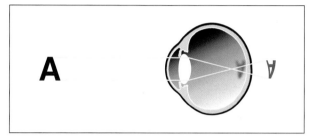

L'image nette se forme trop loin. L'image sur la rétine est floue.

Comment corrige-t-on la VUE d'un hypermétrope ?

Pour que l'image des objets proches soit nette sur la rétine d'un hypermétrope, on place devant ses yeux un verre correcteur qui resserre les rayons lumineux.

Grâce au verre convergent (convexe), l'image nette se forme maintenant sur la rétine.

Extrait de «Les lunettes, à quoi ça sert?»: texte de Marc Beynié, © *Images Doc*, Bayard Jeunesse, 2002.

TEST

Tu peux faire le test suivant avec une personne adulte pour «voir» comment les lunettes corrigent la vue. Tu as besoin de deux paires de lunettes: une pour corriger la myopie et une autre pour corriger l'hypermétropie. Place les lunettes à 2 cm au-dessus de la phrase suivante:

Je vois les lettres en plus petit ou en plus gros.

- Que remarques-tu?
- Avec quelles lunettes les lettres te paraissent-elles plus grosses? Avec quelles lunettes te paraissent-elles plus petites?

Linda Tremblay

Quand le son voyage...

Le tonnerre

L'été, pendant un orage, on a beau être brave, on a toujours peur ! On craint quelque chose qui d'habitude inquiète peu : le son ! Le tonnerre, ce n'est que du son. Un son fort, mais juste un son ! Tu as beau te cacher sous tes couvertures ou dans le sous-sol de ta maison, le tonnerre finit toujours par te rejoindre. Le son possède le pouvoir de voyager et de passer au travers des murs et des couvertures... comme les fantômes ?

Les fantômes, on sait que ça n'existe pas mais les sons, eux, existent bel et bien. Pour avoir des sons fantômes, ça prend un choc, comme lorsque tu lances un caillou à l'eau. Le caillou crée des vagues circulaires qui se propagent dans toutes les directions. Avec les sons, c'est la même chose ; mais ils sont faits de vagues invisibles qui se propagent dans l'air. Plus ton caillou est gros, plus les vagues seront grosses. Il en va de même pour le son.

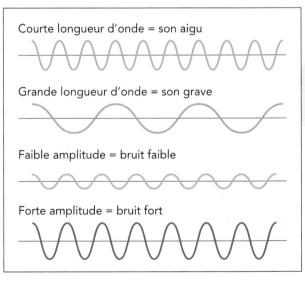

On peut classer les sons en quatre catégories. Il y a les sons forts et les sons faibles. Il y a aussi les sons aigus, comme la sirène d'une auto de police et les sons graves, comme le jappement d'un gros chien.

L'éclair

L'éclair, c'est comme une très grosse roche qui tombe du ciel. Il fait de grosses vagues invisibles dans l'air. À partir du point d'impact, les vagues sonores voyagent dans toutes les directions et aussi, bien sûr, vers ta maison. Elles voyagent d'abord dans l'air, puis dans les murs ou les vitres de ta maison, dans tes couvertures, jusque dans tes oreilles. Les sons voyagent donc dans les **gaz** et les **solides**. Peut-être faudrait-il que tu te caches dans le bain ? Malheureusement, le son voyage aussi dans l'eau. Il n'y a donc pas d'endroit où te cacher du son fort ! Peut-être si, là où il n'y a ni solides, ni **liquides**, ni gaz : dans l'espace ! Les vagues du son peuvent parcourir un très long chemin mais, heureusement, elles s'épuisent. Si tu es très loin de l'éclair, tu n'entendras pas le tonnerre. Parfois, le son peut même rebondir sur un rocher : c'est ce que l'on appelle l'écho. Vraiment, les sons sont de drôles de fantômes !

> Où se trouvent les plus petits os de ton corps ? Dans ton oreille. Ils ne sont pas plus gros qu'un grain de riz ! Ils vibrent chaque fois qu'un son se fait entendre.

Un truc du tonnerre !

La lumière voyage plus vite que le son. C'est pourquoi tu vois toujours l'éclair avant d'entendre le tonnerre. Amuse-toi à calculer la distance entre toi et l'éclair. Quand tu apercevras un éclair, commence à compter les secondes : une seconde, deux secondes, trois secondes, etc. Dès que tu entends le tonnerre, arrête de compter. Le son parcourt un kilomètre en trois secondes. Alors, si tu as compté douze secondes, c'est que la foudre est tombée à quatre kilomètres.

Luc Morin

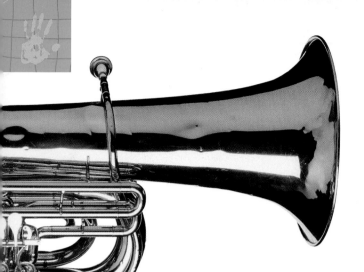

C'est trop bruyant !

Ferme les yeux et tends l'oreille… Qu'entends-tu ? Du bruit, sans doute. Tu reconnais sûrement certains sons; l'eau qui coule d'un robinet, par exemple. Mais il y a aussi des bruits que tu as tellement l'habitude d'entendre que tu ne les remarques plus. C'est le cas des bruits de fond, comme les craquements d'un plancher ou les bruits de la rue.

Certains sons, comme le chant des oiseaux, la musique (si elle n'est pas trop forte) ou la voix rassurante de tes parents, sont agréables. D'autres, comme le son d'une alarme ou les coups d'un marteau-piqueur, sont carrément désagréables. Il y a aussi les bruits soudains et de courte durée, comme les éternuements, les aboiements, les claquements de porte. Il y a également des sons qui te font sursauter, par exemple un livre qui tombe par terre ou un coup de klaxon.

Des conséquences fâcheuses

Vivre dans un milieu trop bruyant peut être stressant. Cela peut te rendre de mauvaise humeur, nuire à ta concentration ou t'empêcher de dormir. Mais les conséquences peuvent être plus graves.

Un bruit fort, même s'il est de courte durée, peut endommager l'oreille. Un son plus violent, par exemple une explosion ou un coup de fusil, peut entraîner la perte de l'ouïe. Mais savais-tu qu'un bruit, même non violent, peut être dangereux s'il est répété ou intense ?

C'est la raison pour laquelle les personnes qui travaillent dans des milieux bruyants (mines, chantiers, usines ou pistes d'aéroport) portent des casques de protection. Mais les musiciens de groupes rock peuvent difficilement se protéger et soumettent donc leurs oreilles à de dures épreuves.

Une échelle pour mesurer les sons

L'intensité des sons se mesure en décibels (dB). Une conversation normale atteint 60 décibels. Les sons qui dépassent 100 décibels peuvent être nuisibles. Ces sons t'amènent en général à te boucher les oreilles. À 120 décibels, les sons peuvent provoquer une sensation de douleur.

DÉCIBELS

Lancement d'une navette spatiale

Coup de canon

180

Grondement d'un avion à réaction

160 — Tonnerre, Musique rock

140

120

Tondeuse à gazon

Circulation intense

100

80

60

Moteur du réfrigérateur

Téléphone, Conversation

40

Bruissement des feuilles (0-10)

Chuchotements

20

0

L'ouïe : un sens à préserver

Tu ne peux pas éliminer tous les bruits autour de toi. Toutefois, tu peux avoir des comportements qui protégeront tes oreilles, un peu comme les gens qui portent des casques de protection ou des bouchons. Par exemple, évite d'écouter de la musique forte ou de fréquenter les endroits très bruyants. Ces bruits pénètrent dans le conduit auditif et viennent frapper fortement le tympan qui peut se déchirer. De même, un usage fréquent du baladeur peut diminuer ta capacité de percevoir les sons plus doux. Savais-tu que si tu écoutes de la musique très forte pendant une heure et demie, il te faudra 36 heures avant que ton audition redevienne normale ? Il serait triste de ne plus entendre le chant des oiseaux ou le murmure du vent !

Tes oreilles produisent de la cire, appelée «cérumen». Tu dois enlever une partie de cette cire, celle située dans le pavillon et à l'entrée du conduit auditif. Utilise un gant de toilette ou un mouchoir de papier mais pas de coton-tige. N'essaie jamais d'aller trop loin dans l'oreille, car la nouvelle cire est nécessaire.

Linda Tremblay

POUR MIEUX VOIR ET ENTENDRE

Quand tu regardes le ciel, la nuit, tu peux voir des étoiles.
Combien peux-tu en compter ? Environ 3000, si le ciel est
parfaitement noir et sans nuages. C'est peu si on sait qu'il en
existe des milliards et des milliards. Par ailleurs, si tu regardes
à tes pieds, tu verras peut-être des fourmis. Tu distingueras
très bien leur corps, leurs pattes et leur tête. Mais les fourmis
ont aussi des yeux, une bouche et des poils sur le corps !
Heureusement pour nous, des scientifiques curieux ont inventé
des instruments qui permettent de voir de plus près toutes
ces merveilles de la nature, autant les étoiles, très loin
dans le ciel, que les minuscules fourmis.

POUR EN VOIR PLUS

Nos yeux sont de bons outils, mais ils
ont des limites : ils ne peuvent voir les
objets trop petits ou ceux situés très loin.
Et toi, comment ferais-tu pour bien
observer une fourmi ?

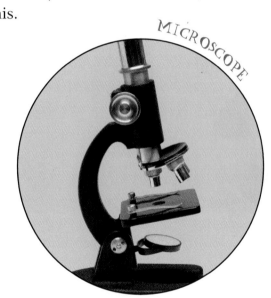

MICROSCOPE

Si tu penses utiliser une loupe,
félicitations ! La loupe te permet de voir
de plus près des petits insectes ou même
des grains de sable, par exemple. Mais
quand les objets sont encore plus petits,
comme les **microbes**, il faudra avoir
recours au grand frère de la loupe :
le microscope.

Quand tu veux regarder les oiseaux
qui gazouillent dans les arbres,
de loin, sans les effrayer, tu peux
utiliser des jumelles. Mais pour voir
des objets encore plus éloignés,
comme les étoiles, les jumelles ne
suffisent pas. Le télescope devient
alors indispensable.

TÉLESCOPE

CAMÉRA VIDÉO

Pour fixer des images et les garder en mémoire, deux instruments que tu connais bien sont nécessaires : l'appareil photo et la caméra vidéo. Ils te permettent de conserver des moments précieux en souvenir. Avec leur aide, tu peux retourner dans le passé, revoir tes parents et amis, et même voyager sans te déplacer.

POUR ENTENDRE MIEUX

Les yeux ne sont pas les seuls **organes** que nous avons réussi à améliorer. Il y a aussi les oreilles. On peut utiliser un cornet qui permet d'entendre plus de sons, plus fort. Ça fonctionne bien, mais c'est encombrant et peu pratique. Si tu n'entends pas bien, on te conseillera plutôt un petit appareil que l'on placera dans le pavillon de ton oreille. Il te permettra d'entendre mieux les sons faibles. Mais pour entendre les sons qui viennent de très, très loin dans l'espace, cet appareil ne suffit pas. De très grandes oreilles seront nécessaires pour recueillir des signaux provenant d'autres mondes : ce sont des radiotélescopes. En as-tu déjà vu ?

RADIOTÉLESCOPE

Comme l'image, le son aussi peut être transporté sur de longues distances ou même être gardé en mémoire. Pense au téléphone grâce auquel tu peux parler à des amis qui sont dans une autre ville. La radio, aussi, permet de porter la voix partout dans le monde. Pour conserver les sons, on peut les enregistrer sur disques laser ou cassettes magnétiques. Tu peux alors écouter tes artistes préférés encore et encore, et les faire écouter à tes amis.

TÉLÉPHONE

Malgré toutes ces belles inventions, les scientifiques n'ont toujours pas réussi à fabriquer un œil ou une oreille. Ces organes extraordinaires sont très précieux et irremplaçables.

Luc Morin

DISQUE LASER

Si on avait les sens des animaux...

On aimerait voir mieux, entendre parfaitement, avoir le nez très fin.
Et si c'était possible d'emprunter les yeux, les oreilles, le nez
ou la peau de certains animaux, serait-on plus heureux?
Imagine que l'on pourrait te greffer les sens exceptionnels d'animaux...

ET LES YEUX !

Si l'on pouvait te greffer les yeux des libellules, par exemple, tu n'en aurais pas 2 mais 30 000! Tu aurais une vision très précise, sauf que tu verrais 30 000 images différentes! Avec les yeux d'un aigle, tu pourrais apercevoir des objets jusqu'à 5 km. Présentement, tu ne peux voir qu'à 1 km. Petit problème: les aigles n'ont pas de vue d'ensemble; ils peuvent voir très clairement un arbre, mais pas la forêt en arrière. Allons voir, alors, du côté des abeilles qui peuvent percevoir la lumière ultraviolette, ces rayons qui te permettent de brunir au soleil. Ce serait bien, mais les abeilles ne voient pas beaucoup les couleurs et leur vision est floue, comme lorsque l'on ouvre les yeux dans l'eau.

Essayons plutôt les yeux des chats. Les chats voient très bien la nuit; mais le jour, ils voient mal. Leur vision est floue et ils ne distinguent que deux couleurs, le bleu et le jaune-vert. À bien y penser, comme la nuit sert plutôt à dormir, c'est peut-être mieux de bien voir les couleurs! Les chouettes et les dauphins ne voient pas toutes les couleurs. De plus, ils ne perçoivent pas bien les détails. Ils peuvent voir une personne bouger, mais ils ne la reconnaissent pas.

L'Américaine Helen Adams Keller

(1880-1968)

À l'âge de 19 mois, la jeune Helen devient sourde, muette et aveugle. Dès l'âge de sept ans, elle est prise en charge. Elle apprend alors à parler, à lire et à écrire. Plus tard, elle obtiendra des diplômes universitaires et deviendra une écrivaine célèbre. En 1921, elle crée la Fondation américaine pour les aveugles.

Sylvie Lucas

Les oreilles des éléphants peuvent entendre des sons très graves, mais elles sont un peu grosses pour nous, tu ne trouves pas ?

ET LES OREILLES !

Ce serait bien de pouvoir mieux entendre ! Essayons les oreilles des chats, des chiens ou des chauves-souris. Comme elles bougent séparément, tu pourrais faire rire tes amis en les faisant bouger ! En plus, elles sont sensibles à des sons très aigus que les humains n'entendent pas. La nuit, tu entendrais tous les sons de ta maison et les petits animaux qui rôdent dans les environs. Ce n'est peut-être pas une bonne idée… Il vaut mieux entendre moins bien et dormir tranquille !

Tout comme toi, les animaux aiment beaucoup le sucré. L'oiseau-mouche, par exemple, raffole du nectar, un produit plus sucré que le sucre !

ET LE NEZ !

Ce serait agréable de pouvoir apprécier les odeurs les plus fines. Avec l'odorat d'un chien, par exemple, tu pourrais sentir des odeurs de très loin et même détecter 100 fois plus de substances. On pourrait t'engager aux douanes pour renifler les bagages de tous les passagers. Ce n'est pas une si bonne idée que ça finalement ! À bien y penser, notre petit nez est bien comme il est.

ET LA PEAU !

Si tu avais la peau d'un crotale, tu pourrais sentir la moindre variation de température; tu pourrais même changer de peau, de temps à autre. Mais ta peau serait très rugueuse. Préfères-tu conserver ta peau douce ? Tu peux envier parfois

l'éléphant, le rhinocéros ou l'hippopotame. Ces pachydermes à la peau très épaisse ne sentent pas les piqûres des moustiques. Mais tu aurais chaud sous leur lourde peau de cuir !

Comme tu le vois, malgré leurs limites, nos sens sont bien adaptés à nos besoins. Il vaut sûrement mieux les garder tels qu'ils sont et surtout en prendre soin !

Luc Morin

Monsieur Bell et son téléphone

Pourquoi cette invention ?

Le téléphone a été inventé en 1876 par Alexandre Graham Bell.

La mère du jeune Alexandre était malentendante et son père, professeur de diction. C'est sans doute ce qui a amené Alexandre à enseigner le langage des signes aux personnes sourdes.

Bell avait un rêve : rendre l'ouïe aux personnes qui n'entendent plus. Il étudie donc l'oreille humaine. Il découvre alors que le son voyage sous forme d'ondes. Avec son ami, Thomas A. Watson, il tente de fabriquer un appareil qui transmet la voix à distance.

Un soir, Alexandre se brûle avec de l'acide. Il s'écrie : «Monsieur Watson, venez ici. J'ai besoin de vous !» Watson arrive à la rescousse. Il était pourtant trop loin pour pouvoir entendre les cris d'Alexandre. Il les a entendus grâce au téléphone ! Chacun des deux hommes se trouvait devant son propre appareil. Les cris de Bell ont voyagé d'un appareil à l'autre. Le téléphone était né !

Comment ça marche ?

Quand tu parles au téléphone, les ondes de ta voix font vibrer une plaque située dans le microphone. Cette plaque change de forme. Il y a alors variation du courant électrique. Ta voix se transforme en signaux électriques. Ces signaux circulent sur des lignes électriques jusqu'à la centrale téléphonique de ton quartier. Une centrale téléphonique, c'est un immeuble où passent tous les appels d'un même secteur. Cette centrale est reliée à d'autres encore plus grosses. Si tu appelles une amie, sa centrale téléphonique vérifie si sa ligne est libre. Si oui, son téléphone sonne. Elle répond ! Que voulais-tu lui dire déjà ?

Et le téléphone cellulaire, lui ?

Le téléphone cellulaire fonctionne comme une radio, car il transmet la voix sous forme d'ondes radio. Plus de 400 millions de personnes posséderaient un cellulaire.

Le téléphone a éliminé les distances. Grâce à lui, tu peux, en quelques secondes, communiquer avec une personne qui se trouve à l'autre bout de la planète !

Sylvie Lucas

Petits laboratoires

HUMM !
Je vois que ça sent bon !

L'odeur du pain et du café le matin, que ça sent bon !
Les oignons ou les oranges, ça sent fort ! Le savon, ça sent
doux. Mais saurais-tu reconnaître d'autres odeurs
sans voir les aliments ? Tente l'expérience suivante
avec tes camarades de classe.

Avant de quitter la maison, sélectionne un produit ayant une odeur
particulière. Mets le produit dans un contenant et apporte-le à l'école.
Inscris ton nom sur ton contenant. Comme tous les amis de la classe,
tu dois sentir chaque produit, sans regarder, et essayer de l'identifier.
Inscris tes réponses sur une feuille.

Chaque élève révèle ensuite le nom
de son produit. Quel est ton
résultat ? Vraiment pas facile
de se fier seulement à son odorat
pour sentir ! Alors pour mieux
sentir, c'est préférable aussi de…

Un téléphone cellulaire maison !

- Procure-toi deux pots de yaourt propres et une ficelle de 5 m de longueur.

- Perce deux petits trous au fond de chaque pot. Passes-y la ficelle et fais un gros nœud.

- Éloigne-toi de ton amie de façon à tendre la ficelle. Ne tire pas trop fort ! De cette distance, chuchote quelques mots à ton amie.

- Chuchote les mêmes mots dans ton pot pendant que ton amie place le sien sur son oreille.

- Demande-lui de quelle façon elle entend le mieux.

LE VOYAGE DU SON

Le son voyage-t-il dans les liquides ?

Lorsque tu prendras ton bain
ce soir, plonge la tête sous l'eau
et demande à ton père ou à
ta mère de parler. Peux-tu
entendre leur voix ?

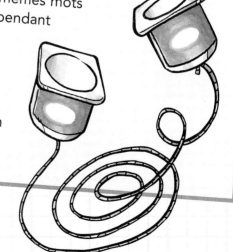

Ni chaud ni froid !

Imagine-toi sous un chaud soleil. Tu décides de te baigner. En entrant dans l'eau, tu la trouves froide; ensuite, elle te semble bonne. Puis en sortant de l'eau, tu as froid.

La température de l'eau ou de l'air a-t-elle changé durant ta baignade? Tente l'expérience ci-dessous et réponds ensuite à la question.

1. Remplis un bol d'eau froide, un d'eau chaude et un d'eau tiède. Trempe la main gauche dans l'eau froide et la droite dans l'eau chaude pendant deux minutes. Ensuite, plonge tes mains en même temps dans le bol d'eau tiède.

2. Décris ce que tu ressens au départ pour chaque main? Que ressens-tu par la suite? L'eau tiède a-t-elle changé de température?

3. Remplis le tableau suivant en répondant par chaud, froid ou tiède.

TEMPS	MAIN GAUCHE	MAIN DROITE	THERMOMÈTRE DANS L'EAU TIÈDE
AVANT			
JUSTE APRÈS			
APRÈS UNE MINUTE			

4. Refais l'expérience en mettant cette fois un thermomètre dans l'eau tiède.

Tu peux maintenant expliquer lequel est le plus fiable : le thermomètre ou la personne.

LE TRAIN S'EN VIENT

Le samedi matin, dans tes bandes dessinées préférées, que fait le cow-boy pour savoir si le train s'en vient? Il pose son oreille sur le rail! Est-ce que le rail lui parle? Bien sûr que non, mais le rail lui communique de l'information. Quelle information? Essayons de savoir.

Cogne avec ton doigt sur le coin de ton bureau. Comment est le son : fort, moyen ou faible? Refais la même chose, mais cette fois-ci colle ton oreille sur l'autre coin de ton bureau. Obtiens-tu le même son? Est-il plus fort ou plus faible? Essaie sur différents matériaux.

Maintenant, tu peux certainement expliquer pourquoi les cow-boys collent leur oreille sur un rail pour écouter le train venir. Mais ne tente pas l'expérience : c'est plutôt dangereux !

UN RÉVEIL CHOC !

Le matin, quand tu mets le pied sur le plancher de la salle de bain ou que tu touches le lavabo, tu les trouves très froids. Pourtant, les serviettes qui sont dans la même pièce ne sont pas si froides que ça. Essaie de découvrir pourquoi.

Dans un verre d'eau glacée, place 3 cuillers. Une en bois, une en plastique et une en métal. Attends 2 minutes et touche les 3 cuillers. Laquelle est la plus froide? Pourtant, elles sont dans la même eau!

Remplis ensuite un verre d'eau chaude et place les 3 cuillers dedans. Touche-les immédiatement et détermine laquelle devient chaude le plus rapidement.

Sais-tu maintenant pourquoi lorsque tu mets le pied sur un plancher de céramique (semblable à la cuiller de métal) c'est très froid alors que si tu le mettais sur un plancher de bois, ça serait plus agréable? Tente une explication !

LES MOUCHES SE MOQUENT DE NOUS !

Manger à l'extérieur, c'est agréable... sauf quand il y a des mouches! Difficile pourtant de les attraper; on dirait toujours qu'elles nous voient et elles s'envolent. Essaie de découvrir pourquoi en effectuant l'expérience suivante.

1 Découpe un cercle dans un carton de 20 cm de rayon.

2 Dépose le cercle sur ta tête, bien au centre. Demande à une amie d'appuyer un crayon sur le cercle de façon à ce que tu le voies bien.

3 Demande à ton amie de déplacer le crayon autour du cercle en partant de l'arrière de ta tête, vers la droite puis vers la gauche. Toi, tu ne bouges pas la tête.

4 Dis à ton amie de faire une marque sur le cercle dès que tu aperçois le crayon. Recommence l'expérience pour ton amie.

Trouve une façon de mesurer la distance en centimètres entre les deux marques sur ton cercle: c'est le champ de vision. Tu peux comparer ton champ de vision avec celui de tes amis. Alors, pourquoi la mouche s'envole-t-elle quand tu t'approches, même par-derrière ?

Luc Morin

Est-ce que tes **pieds** sont aussi **sensibles** que tes **mains** ?

Ton corps est couvert de détecteurs du toucher. Ce sont eux qui renseignent ton cerveau sur tout ce que tu touches. Mais certaines parties de ton anatomie en contiennent plus que d'autres. Ton dos en compte très peu alors que ta langue, tes lèvres et le bout de tes doigts en ont beaucoup. Mais qu'en est-il de la paume de tes mains et de la plante de tes pieds ?

Choisis des objets (un verre, un livre, un crayon, etc.) et demande à un ou à une amie de tenter de les reconnaître uniquement à l'aide de la plante de ses pieds. Fais-lui utiliser ensuite la paume de ses mains.

Reprends la même expérience en utilisant cette fois des tissus de différentes textures (laine, coton, velours, nylon, soie, satin, laine polaire, etc.).

Quelles conclusions peux-tu tirer de cette expérience ?

Comment le son se propage-t-il à travers différents matériaux ?

Prends trois sacs de plastique. Remplis le premier d'air, l'autre d'eau et le dernier de ouate, de styromousse ou de papier essuie-tout.

Mets une clochette ou un grelot dans chaque sac et agite-les. Si tu n'as pas de clochette ni de grelot, prends un chronomètre de cuisine, un petit réveil ou une radio, et place le sac entre l'objet et ton oreille. Pour éviter de mouiller l'objet avec ton sac rempli d'eau, recouvre d'abord cet objet d'une pellicule plastique.

Décris le son produit. Quelle matière – **solide, liquide** ou gazeuse (l'air) – réduit le plus le son ?

Habituellement, les animaux sont moins bruyants que les machines, mais la baleine à bosse peut produire un son plus fort que celui d'un avion au décollage !

Musiciens, à vos instruments !

As-tu déjà frappé sur une boîte de conserve avec une spatule ?
As-tu déjà tapé du pied ou tapoté sur une table avec tes doigts ?
As-tu déjà passé un crayon rapidement sur les barreaux d'une
chaise en métal ? As-tu déjà soufflé dans une bouteille vide ?
Si tu as répondu oui à une seule de ces questions, tu as déjà créé
un instrument de musique. Nous sommes tous, à un moment
donné, des petits musiciens... créateurs d'instruments.

Bien sûr, la musique, la vraie, c'est un peu plus compliqué que cela.
Lorsque l'on frappe sur un objet, il vibre et c'est sa vibration que
l'on entend. Un objet émettra toujours le même son. Créer une
mélodie avec un seul son, c'est impossible. La musique nécessite
plusieurs sons, donc plusieurs objets différents ou encore, un seul
objet (comme la flûte, par exemple) duquel on fait sortir plusieurs
sons. Si des sons différents sont produits au hasard, on dit que
l'on fait du bruit ; s'ils sont en harmonie, on fait de la musique.
Tu veux construire un instrument ? Alors, lis ce qui suit.

LES TYPES D'INSTRUMENTS

Choisis d'abord le type d'instrument que tu aimerais fabriquer. Certains sont à cordes pincées (comme la guitare), frottées (comme le violon) ou frappées (comme le piano). D'autres sont à percussion, comme le tambour ou les cymbales. Enfin, il y a les instruments à vent, ceux dans lesquels on souffle, comme la flûte.

UNE VARIÉTÉ DE SONS

Une fois ton type d'instrument choisi, tu dois déterminer le nombre de sons différents à produire. Bien sûr, construire un instrument avec un seul son est plus facile.

Voici quelques détails qui t'aideront dans la fabrication de ton instrument. Il faudra sûrement que tu trouves d'autres renseignements. N'hésite pas à aller chercher de l'aide. Tu devras faire diverses tentatives et apporter des modifications pour faire varier les sons.

LES INSTRUMENTS À CORDES

Les instruments à cordes sont difficiles à réaliser, mais faciles à jouer. Tu peux utiliser des élastiques de différentes grosseurs que tu tendras autour d'une boîte à chaussures. Sous les élastiques, insère un chevalet, sorte de petit morceau de carton. L'ensemble émet un son, mais si tu veux l'amplifier, tu dois utiliser une caisse de résonance, c'est-à-dire un contenant où tu fixeras ton morceau de carton et où le chevalet sera appuyé. Pour la boîte à chaussures, tu n'as qu'à percer un trou dans le couvercle. En pinçant l'élastique, la vibration sera transférée au chevalet, puis à la caisse de résonance.

LES INSTRUMENTS À PERCUSSION

Les instruments à percussion sont les plus faciles à réaliser et à utiliser. Tu n'as qu'à prendre des morceaux de métal ou de verre (tuyaux, bouteilles, tiges de métal) de différentes longueurs ou grosseurs et à frapper dessus avec une cuiller. Le plus compliqué, c'est de les fixer pour que ton instrument se manie aisément. Les maracas et les hochets sont aussi de la famille des percussions. Trouve un contenant qui n'est pas trop fragile et insère un ou plusieurs objets à l'intérieur. Ensuite, imagine une façon de tenir ton contenant à une main afin de le secouer. Tu peux aussi le décorer. Pour les tambours, tu dois te procurer des contenants de grosseurs différentes et les couvrir d'une membrane en plastique que tu tendras le plus possible. Fais varier la grosseur du contenant et la tension dans la membrane de plastique : tu entendras des sons différents.

LES INSTRUMENTS À VENT

Les instruments à vent sont faciles à fabriquer, mais il est plus difficile d'en jouer. La flûte de Pan est la plus facile à réaliser. Utilise de grosses pailles de longueurs différentes. Tu dois les fixer côte à côte. Pour en jouer, place les lèvres juste sur le bord des pailles et souffle.

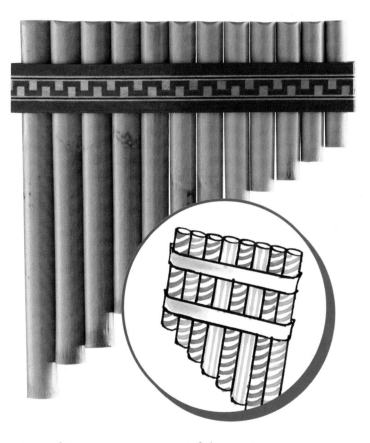

Une fois ton instrument fabriqué, tu dois le modifier pour obtenir de nouveaux sons. Essaie de découvrir quels changements modifient le son de ton instrument. Par exemple, observe les contenants des tambours et essaie de découvrir dans quelles situations le son est grave ou aigu. Fais varier la longueur des pailles ou la grosseur des morceaux de métal.

Luc Morin

Lequel de tes sens est le plus développé ?

Pour le savoir, note la réponse de ton choix sur une feuille.

◆   ■ | ▲

---

1 Une personne que tu n'as pas vue depuis longtemps se présente devant toi et te salue.

- ▲ Tu ne la reconnais qu'après avoir entendu son nom.
- ■ Sa voix te dit quelque chose.
- ◆ Tu la reconnais immédiatement.

2 Un camarade te remet le trajet pour te rendre à sa maison et te l'explique.

- ◆ Tu regardes le trajet attentivement pendant qu'il te l'explique.
- ▲ Tu prends des notes.
- ■ Tu écoutes attentivement les explications de ton camarade.

3 Pour te détendre le soir dans ton lit...

- ◆ Tu lis un livre ou tu feuillettes un magazine.
- ■ Tu aimes bien qu'on te raconte une histoire.
- ▲ Tu joues aux cartes ou à un autre jeu de ton choix.

4 Tu t'ennuies d'une amie qui est déménagée dans une autre ville.

- ■ Tu aimerais lui passer un coup de fil.
- ◆ Tu sors un album de photos, à la recherche d'une photo de groupe.
- ▲ Tu lui écris un mot.

5 Tu as assisté au spectacle de fin d'année à ton école.

- ■ Tu as apprécié la musique ou les numéros de musique.
- ▲ Tu n'avais pas eu de devoirs ce soir-là.
- ◆ Tu te souviens des décors et tu revois certains personnages.

6 On t'offre de l'argent en cadeau.

- ▲ Tu t'achètes un jeu que tu voulais depuis longtemps.
- ◆ Tu t'achètes un livre ou un magazine sur les animaux sauvages.
- ■ Tu t'achètes un disque ou une cassette de ton groupe de musique préféré.

7 Tu connais bien les membres de ta famille.

- ■ Tu peux dire l'humeur de ton frère au son de sa voix.
- ◆ Tu remarques si ta sœur porte un vêtement neuf.
- ▲ Tu reconnais les gens à leur parfum.

8 Tu pars en colonie de vacances. Dans ton sac, il te reste de la place pour un objet.

- ◆ Tu n'hésites pas : tu apportes une bande dessinée.
- ▲ Tu décides de prendre un casse-tête.
- ■ Tu choisis ton baladeur.

9 Tu visites un musée.

- ▲ Tu trouves inutile de regarder les objets exposés s'il n'y a pas de description.
- ◆ Tu admires les tableaux et ne prêtes aucune attention aux descriptions.
- ■ Tu écoutes attentivement les explications, quitte à regarder l'œuvre de nouveau ensuite.

10 Qu'est-ce qui te ressemble le plus ?

- ■ Il t'arrive souvent d'écouter la télévision en faisant autre chose (bricoler, bavarder, jouer, lire, etc.).
- ◆ Si une personne te lit une lettre qui t'est destinée, tu demandes ensuite à voir la lettre.
- ▲ Parler avec une personne qui ne te regarde pas et qui se déplace constamment ne te dérange pas. Tu ne perds rien de ses propos.

RÉSULTATS

Compte le nombre de ◆, de ■ et de ▲ que tu obtiens.

- ● Si tu as plus de ◆, tu es une personne plus **visuelle** qu'auditive. Voir les choses te rassure et te plaît, et tu as parfois besoin de toucher pour mieux comprendre. Tu remarques ce que tu vois. Ton grand sens de l'observation t'amène à retenir des images des choses et des gens. Trop de bruit te déplaît.

- ● Si tu as plus de ■, tu es une personne plus **auditive** que visuelle. Tu es sensible aux sons produits autour de toi. Entendre des voix, de la musique te rassure. Tu retiens ce que tu entends et tu as de l'intuition.

- ● Si tu as plus de ▲, ou encore si tu as un nombre égal de ◆ et de ■, tu n'es ni de type visuel ni de type auditif. Tu utilises tes deux sens indifféremment. Ce n'est pas l'intuition qui guide tes gestes et décisions, mais plutôt un sens pratique. Tu sais voir et entendre de deux manières, tu peux percevoir un message, une information de plus d'une façon.

Linda Tremblay

Tous les jours, tu entres
dans des immeubles
ou tu traverses des ponts.
Mais tu ne t'es peut-être
jamais demandé comment
ces constructions ont été
bâties et pourquoi
elles ne s'effondrent pas.
Alors, à toi maintenant
de découvrir les principes
de base d'une bonne
construction !

De grandes constructions

La tour Eiffel

La tour Eiffel,
jupe en dentelle
et tête au ciel,
depuis cent ans,
veille et attend,
en regardant
passer la vie
sur les toits gris
du vieux Paris.

Corinne Albaut,
101 poésies et comptines tout autour du monde,
Paris, Bayard Éditions, 1998, p. 10.

Notre maison

Ma maison a un jardin
Qui me fait signe d'entrer

Ma maison a une allée
Qui conduit mes pas

Ma maison a une porte
Qui ouvre mon cœur

Ma maison a une cheminée
Qui chuchote mes rêves

Mais la maison sans toi
C'est comme une rue sans fin
Un jardin sans fleurs
Une porte sans poignée
Une cheminée sans feu

Alors viens quand tu peux
Un et un font plus que deux
Viens quand tu veux
Pour que ma maison ait une âme
Pour que ma maison ait un nom

Claude Haller, «Notre maison»
in *Poèmes du Petit Matin*, Le Livre de Poche
Jeunesse, © Hachette Livre.

29

LES TYPES DE PONTS

Les ponts

Tu as sûrement déjà traversé un pont, en voiture ou à pied.
Ce pont enjambait-il une rivière ou un fleuve ? Une chose
est certaine : il t'a permis de franchir un obstacle. Mais as-tu
remarqué que les ponts n'ont pas tous la même forme ?
Il en existe en fait trois types.

Pour bien distinguer les types de ponts, il est important que
tu en connaisses les différentes parties. L'endroit où circulent
les voitures s'appelle le **tablier**. Ce tablier repose sur une ou
plusieurs **poutres** de béton ou d'acier. Les **culées** servent de
support à chaque extrémité du pont. Des piliers, appelés **piles**,
sont installés sur les rives du cours d'eau ou même dans le
cours d'eau. Elles supportent elles aussi le tablier du pont.
L'espace du tablier qui se trouve entre deux piles se nomme
une **travée**.

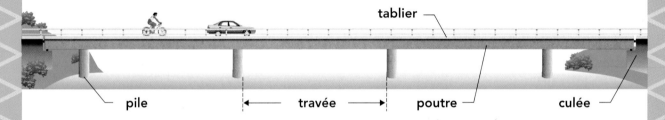

Le pont à poutres

Le tronc d'arbre que tu utilises pour traverser un petit ruisseau
ressemble à un pont à poutres. Il ne lui manque que les
colonnes sur lesquelles s'appuie chaque extrémité de la poutre.
Les ponts qui traversent les routes, les autoroutes ou de petites
rivières sont souvent des ponts à poutres.
Ces ponts de béton ou d'acier ne sont ni très
hauts ni très longs. Ils peuvent cependant
supporter des poids énormes. Le pont à
treillis et le pont cantilever sont des ponts
à poutres permettant la présence d'une voie
ferrée. Dans le premier cas, on a ajouté des
treillis, c'est-à-dire des figures géométriques
qui s'entrecroisent. Le pont peut alors supporter le poids
des trains et résister à leurs vibrations. Dans le cas du pont
cantilever, sa structure est faite de poutres d'acier entrecroisées.

Pont à treillis

Le pont Jacques-Cartier, construit à Montréal en 1930, est un pont à poutres de type cantilever.

Quand les ponts à poutres sont très longs, on doit s'assurer que les poutres ne plieront pas. On bâtit alors plusieurs piles pour soutenir les poutres ou encore on utilise des poutres plus courtes et on augmente leur nombre.

Le pont en arc

Dans le cas du pont en arc, le tablier est porté par une ou plusieurs poutres arrondies en forme d'**arche**. Les arcs sont en général en acier ou en béton armé. Les deux extrémités de l'arc soutiennent le tablier et assurent la solidité du pont. Pour t'aider à comprendre, prends quelques livres dans une étagère en serrant les deux qui se trouvent aux extrémités. Aucun livre ne tombe ! Eh bien, grâce à ce type de **poussée**, on peut faire des ponts très longs, en augmentant le nombre d'arcs.

Le pont Laviolette à Trois-Rivières est un pont en arc. Le tablier du pont peut être au-dessus ou au-dessous de l'arc.

Le pont suspendu

Les plus longs ponts au monde sont des ponts suspendus. Ce sont aussi les plus légers… et les plus chers à construire. Quand on les regarde, on a l'impression qu'ils flottent entre ciel et terre, mais ils sont soutenus par des câbles d'acier. Comment ? Un câble, ancré dans le sol, part de chaque rive et va d'un haut pylône à l'autre. Les câbles soutiennent le tablier du pont. Les ponts suspendus sont souvent ceux que l'on voit au-dessus des larges voies d'eau. Par vents forts, ils peuvent se balancer sans se briser.

Linda Tremblay

Le pont Pierre-Laporte, à Québec, est un pont suspendu. Il mesure 730 m.

TEST

Comment faire des ponts suspendus ?

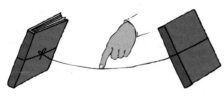

Attache une corde autour de deux livres.
Appuie au centre de la corde.
Que se produit-il ?

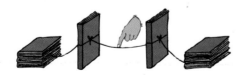

Place deux livres à environ 20 cm de distance l'un de l'autre. Relie-les avec une corde. Ancre les deux extrémités de la corde à l'aide de livres. Appuie au centre de la corde. Que se passe-t-il ?

Quel pont choisir ?

Relève le défi !

Ta ville ne cesse de grandir et le maire souhaite faire construire trois nouveaux ponts. Il est à la recherche de jeunes ingénieurs prêts à relever ce défi de taille. Il va falloir utiliser tes connaissances afin de choisir le type de pont le plus approprié à chaque emplacement.

PROJET Nº 1

Construire un pont reliant la ville à la banlieue

LONGUEUR : 3 km
OBSTACLE : fleuve

OBJECTIF

Il faut construire un pont assez haut pour permettre le passage de nombreux bateaux. De plus, nous avons besoin d'un pont résistant au vent et dont le tablier permet une importante circulation automobile. Quel type de pont choisiras-tu ?

PROJET Nº 2

Construire un pont pour les cyclistes

LONGUEUR : 30 m
OBSTACLE : rivière

OBJECTIF

Les piétons et les amateurs de vélo aimeraient avoir un pont qui enjambe la rivière pour relier les deux pistes cyclables. La Ville ne veut pas dépenser beaucoup d'argent pour cette construction. Quel type de pont choisiras-tu ?

PROJET Nº 3

Construire un pont dans la vieille partie de la ville

LONGUEUR : 200 m
OBSTACLE : falaise

OBJECTIF

La Ville veut un nouveau pont qui s'intègre bien au caractère historique du centre-ville. Il faut construire un pont élégant ne possédant ni pylônes ni piles. Quel type de pont choisiras-tu ?

Réponses : p. 149

Caroline McClish

33

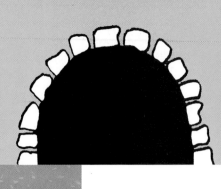

LA CONSTRUCTION DE TUNNELS

Pourquoi construit-on des tunnels ?

On construit des tunnels pour faciliter les déplacements et donc gagner du temps. Il est en effet plus facile de passer à travers une montagne ou sous un fleuve que de contourner ces obstacles. Il est plus rapide d'emprunter le métro plutôt que de circuler dans des rues bloquées par la circulation. Il est aussi vraiment plus agréable de marcher dans un passage souterrain que d'affronter la pluie ou le froid extérieur !

Comment construit-on un tunnel souterrain ?

Les ingénieurs font d'abord des tests afin de connaître le type de sol dans lequel le tunnel sera creusé. Si le sol est composé de roches tendres, une très grosse machine, appelée tunnelier, servira au forage. La tête du tunnelier tourne à vive allure pour s'enfoncer dans le sol. Elle est équipée de nombreuses dents tranchantes et extrêmement solides qui cassent la roche. Une vis géante, à l'intérieur du tunnelier, entraîne la roche sur un tapis roulant. Les tonnes de roches concassées sont ensuite amenées à la surface à l'aide de wagonnets. Le tunnelier est rond, le tunnel sera donc rond lui aussi ! Mais pourquoi a-t-on choisi cette forme ? Parce qu'un trou rond est plus solide qu'un trou carré.

Lorsque le sol est fait de roches dures, il faut utiliser des explosifs. Des machines, appelées jumbos, transportent au bout de leurs longs bras des perforatrices. Celles-ci creusent des trous dans la roche. On y insère des bâtons de dynamite en diagonale afin de briser le plus de roche possible.

Une fois le tunnel creusé, une autre machine installe des panneaux de béton ou de métal le long des parois. Il n'y aura donc pas de risque que le tout s'effondre.

Comment construit-on un tunnel sous-marin ?

Lorsque le tunnel doit passer en eau peu profonde, on creuse d'abord une tranchée au fond de l'eau. Des ouvriers construisent en usine les nombreux cylindres de métal ou de béton qui, une fois mis bout à bout, composeront le tunnel. Ensuite, des barges tirent ces cylindres au-dessus de la tranchée. Les cylindres sont descendus dans l'eau. Chaque extrémité des cylindres a été bouchée avant le transport. On a aussi mis une **charge** (souvent de l'eau !) dans ces cylindres afin qu'ils puissent s'enfoncer facilement lors de l'immersion. Les cylindres prennent leur place dans la tranchée en «tassant» l'eau, un peu comme une casserole que l'on met dans un plat à vaisselle. On pompe alors l'eau qui se trouve entre les cylindres pour qu'ils se collent l'un contre l'autre. Des plongeurs scellent l'extérieur des cylindres et les recouvrent de sable et de boue. Enfin, des ouvriers pénètrent dans le tunnel pour enlever les extrémités et souder les joints. Le tunnel est alors étanche. Les piétons, automobilistes ou passagers de train pourront l'emprunter en toute sécurité !

Mise en place de l'un des sept cylindres du pont-tunnel Louis-Hippolyte-LaFontaine

Sylvie Lucas

On compte 30 kilomètres de couloirs souterrains sous la ville de Montréal !

La construction des gratte-ciel

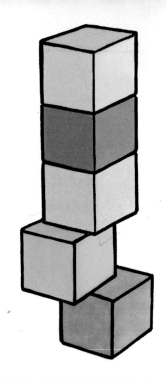

Quand tu t'amusais à construire des tours avec des blocs, tu as bien vu qu'un cube mal placé suffisait pour que tout s'écroule. Tu faisais déjà de l'**architecture** et de l'**ingénierie** sans le savoir ! Non seulement tu as compris l'importance de placer tes blocs en **équilibre**, mais tu as probablement découvert quelques-unes des conditions essentielles pour élever une tour haute et solide. Les architectes et les ingénieurs doivent eux aussi tenir compte de certaines conditions pour concevoir leurs tours.

Le type de sol

Une tour ou un gratte-ciel peut peser jusqu'à 400 000 tonnes. Pour éviter que l'immeuble ne s'enfonce dans le sol, il faut de bonnes **fondations**. Si le terrain est constitué de roches dures, il suffira de le recouvrir d'une **dalle** de béton de la largeur de la tour. Si le sol est mou, on creuse des centaines de trous dans lesquels seront enfoncés des cylindres de béton. Ceux-ci seront en quelque sorte les racines de l'édifice. Ces piliers empêcheront la structure de s'enfoncer dans le sol ou de s'incliner.

La tour penchée de Pise, en Italie, est célèbre dans le monde entier, car elle donne l'impression d'être sur le point de tomber. Au moment de sa construction, entre 1173 et 1372, elle était très droite. Mais elle a commencé à s'incliner peu après, car ses fondations étaient insuffisantes et le sol très mou. Elle s'incline d'environ 1,26 mm par année ! Elle se serait aujourd'hui effondrée si des travaux n'avaient pas été faits pour stabiliser ses fondations.

Pour solidifier cette structure, on peut ajouter des poutres d'acier placées en triangle ou en forme de X. La tour Eiffel, par exemple, est faite de poutrelles d'acier assemblées en triangles.

La tour en construction ressemble alors à une gigantesque cage. Cette armature sera ensuite recouverte d'aluminium, de verre ou de granit.

En plus de se préoccuper de ces indispensables calculs, les ingénieurs ont aussi choisi les matériaux les plus appropriés pour ces hautes constructions. Les architectes, eux, ont cherché à donner à leur édifice une allure originale.

Le vent et les tremblements de terre

Plus une tour est haute, plus elle offre de prise au vent et plus elle est sensible aux tremblements de terre. Pour la solidifier, on élève une colonne avant de monter la structure. Il s'agit d'un noyau de béton, une sorte de tour dans la tour. C'est là que seront placés les ascenseurs et les escaliers. Ce noyau de béton constitue la colonne vertébrale du gratte-ciel, ce qui lui permet de rester bien droit.

Le poids de la tour

Ta maison est soutenue par une charpente de bois et des murs, mais les tours et les gratte-ciel sont tellement imposants qu'il est impossible de les construire ainsi. Les matériaux qui les constituent sont déjà très lourds. De plus, il faut ajouter à ce poids celui des équipements, des meubles et des occupants. Pour supporter cette énorme **charge**, il faudrait des murs très épais. Le principe consiste donc à fixer sur les **fondations** des **poutres** d'acier qui constitueront la **structure** ou l'armature de l'édifice.

Quelques chiffres sur deux tours célèbres...

LA TOUR EIFFEL, C'EST:

- 321 m de haut (La hauteur de 40 maisons de deux étages.)
- 7300 tonnes (Une petite voiture pèse environ 2 tonnes.)
- De 45 à 50 tonnes de plus chaque année (C'est le poids de la couche de peinture dont on la recouvre pour qu'elle ne rouille pas.)
- 18 000 poutrelles de fer
- 2060 marches
- 7 ascenseurs, chacun permettant de faire monter 56 personnes
- 4 millions de visiteurs par année
- 10 000 visiteurs en même temps

Dans un gratte-ciel, l'incendie présente un grand risque.
Il y a donc de très gros réservoirs d'eau, placés au sommet, qui sont reliés à de petits robinets au plafond de chaque étage.
Tous ces robinets s'ouvrent en cas de fumée ou de chaleur anormale.

Paris

Construite en 1889

Toronto

Construite en 1975

LA TOUR DU CN, C'EST:

- 555 m de hauteur
- 130 000 tonnes de béton
- 2579 marches (C'est le plus haut escalier au monde.)
- 6 ascenseurs
- 3 observatoires, dont l'un avec le sol vitré
- 200 fois par an, son mât est frappé par la foudre
- Abrite le plus haut restaurant tournant au monde

Monique Daigle

MAISON EN CONSTRUCTION

1re ÉTAPE

L'architecte

L'architecte dessine les plans de la maison. Ces plans représentent l'extérieur et l'intérieur de la construction. On y voit l'emplacement des portes et fenêtres, des escaliers et des différentes pièces.

2e ÉTAPE

L'entrepreneur, l'entrepreneure en construction

Cette personne dirige habituellement sa propre compagnie. Elle emploie des ouvriers qui effectueront les travaux à partir des plans de l'architecte. Avec des cordes et des pieux, elle fait indiquer l'endroit exact où sera bâtie la maison. Elle fait ensuite creuser le sol en vue de couler les **fondations**. Les fondations, c'est le sous-sol de la maison. Elles sont faites en béton. Puisque le béton durcit en séchant, il fournit une base solide à la maison. Grâce à de bonnes fondations, la maison ne risque pas de s'enfoncer dans un sol trop mou.

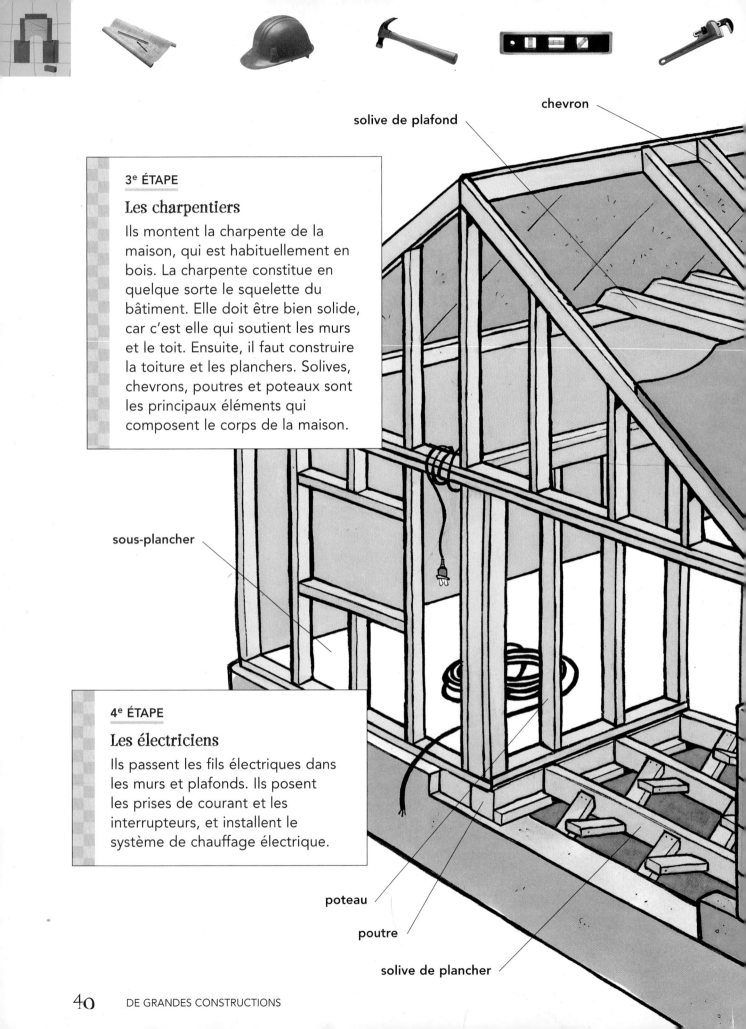

solive de plafond

chevron

3e ÉTAPE

Les charpentiers

Ils montent la charpente de la maison, qui est habituellement en bois. La charpente constitue en quelque sorte le squelette du bâtiment. Elle doit être bien solide, car c'est elle qui soutient les murs et le toit. Ensuite, il faut construire la toiture et les planchers. Solives, chevrons, poutres et poteaux sont les principaux éléments qui composent le corps de la maison.

sous-plancher

4e ÉTAPE

Les électriciens

Ils passent les fils électriques dans les murs et plafonds. Ils posent les prises de courant et les interrupteurs, et installent le système de chauffage électrique.

poteau

poutre

solive de plancher

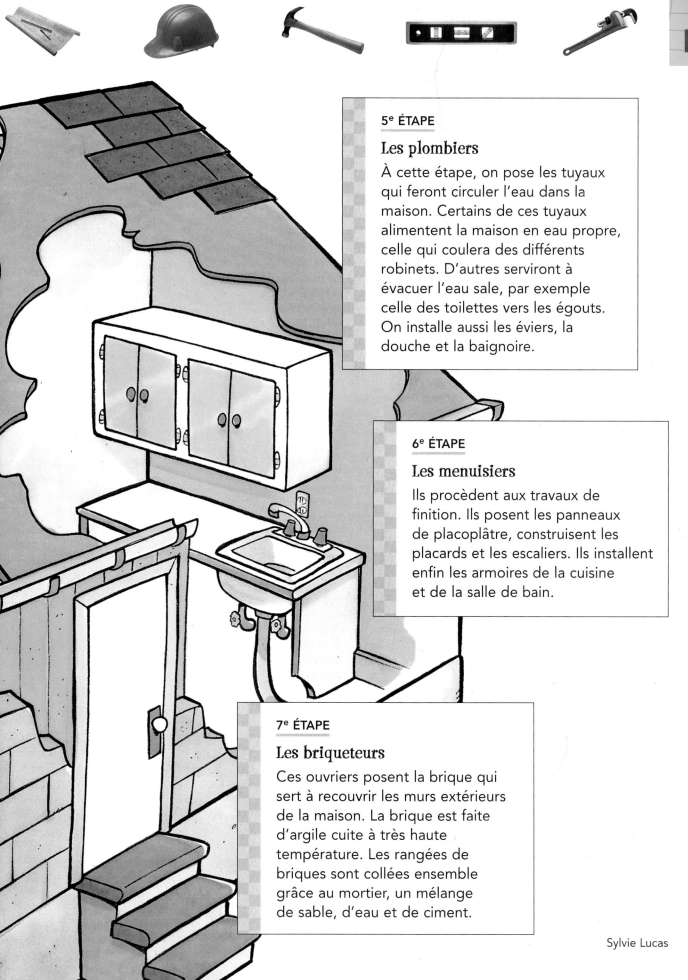

5e ÉTAPE

Les plombiers

À cette étape, on pose les tuyaux qui feront circuler l'eau dans la maison. Certains de ces tuyaux alimentent la maison en eau propre, celle qui coulera des différents robinets. D'autres serviront à évacuer l'eau sale, par exemple celle des toilettes vers les égouts. On installe aussi les éviers, la douche et la baignoire.

6e ÉTAPE

Les menuisiers

Ils procèdent aux travaux de finition. Ils posent les panneaux de placoplâtre, construisent les placards et les escaliers. Ils installent enfin les armoires de la cuisine et de la salle de bain.

7e ÉTAPE

Les briqueteurs

Ces ouvriers posent la brique qui sert à recouvrir les murs extérieurs de la maison. La brique est faite d'argile cuite à très haute température. Les rangées de briques sont collées ensemble grâce au mortier, un mélange de sable, d'eau et de ciment.

Sylvie Lucas

DES CONSTRUCTIONS ÉPOUSTOUFLANTES !

Le génie humain est vraiment surprenant ! Il peut créer des matériaux et des procédés afin de résoudre des problèmes, à première vue, insurmontables. Voici quelques-unes de ces réalisations étonnantes…

LES PONTS

Jadis, pour franchir un cours d'eau, on utilisait des barques ou on traversait à pied dans la partie la moins profonde.

De nos jours, les ponts atteignent des proportions gigantesques ! Ainsi, le pont Numéro 2 du lac Pontchartrain, en Louisiane, aux États-Unis, s'étend sur 38,42 km. Il traverse un immense marécage, appelé bayous, infesté de crocodiles :

Pont de l'Île-du-Prince-Édouard

gare à ceux qui y tombent ! C'est le pont le plus long au monde. Imagine, le pont Champlain, à Montréal, fait à peine 1 km et le grand pont de la Confédération, reliant l'Île-du-Prince-Édouard et la Nouvelle-Écosse, s'étire sur 12,9 km.

Malgré sa longueur impressionnante, ce type de pont n'est pas le plus spectaculaire. Les plus surprenants sont les ponts suspendus et le plus célèbre d'entre eux est sûrement le Golden Gate en Californie. Il n'a que 1,28 km, mais il domine la baie de San Francisco à une hauteur de 227 m.

Le Golden Gate

Au Québec, certains ponts ont acquis une renommée internationale, par exemple le vieux pont de Québec. Traversant le fleuve Saint-Laurent sur 550 m, il est le plus long pont cantilever au monde. Durant sa longue construction, 2 accidents majeurs ont fait 89 victimes. Le pont s'est écroulé deux fois alors que les ouvriers s'y trouvaient. Quelle catastrophe !

Pont de Québec

LES TUNNELS

Il y a plusieurs façons de traverser une montagne. La plus rapide est encore de passer au travers ! Le tunnel du Fréjus, qui relie la France à l'Italie, fait 13,7 km de long. Il passe sous les Alpes, des montagnes cinq fois plus hautes que le mont Tremblant. Mais le plus long tunnel se trouve au Japon. Il fait 53,6 km sous les montagnes, soit la distance entre Montréal et Drummondville.

Même si on y rêvait depuis 500 ans, ce n'est qu'en décembre 1994 que s'est achevé l'un des plus grands projets de construction du 20e siècle : un tunnel reliant la France et l'Angleterre. L'Eurotunnel parcourt plus de 50 km sous l'eau. Tous les jours, il y circule 600 trains qui transportent voitures, autobus et camions.

Pour relier les deux rives du Saint-Laurent, des ingénieurs audacieux ont imaginé le pont-tunnel Louis-Hippolyte-LaFontaine. Il a été fabriqué sur la terre ferme, puis coulé dans le lit du fleuve. Une première mondiale !

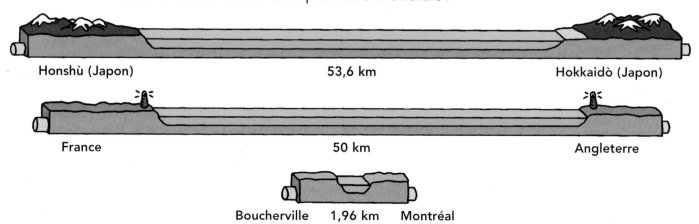

Honshù (Japon)   53,6 km   Hokkaidò (Japon)

France   50 km   Angleterre

Boucherville   1,96 km   Montréal

LES IMMEUBLES

D'autres réalisations étonnantes, mais cette fois-ci en hauteur, montrent le génie inventif de l'homme. La plus haute tour au monde, accessible pour les humains, est la tour du CN à Toronto. Elle mesure 555 m. C'est presque aussi haut que le mont Tremblant !

Stade olympique

La tour Eiffel constitue, elle aussi, une autre construction célèbre. Elle domine la ville de Paris de ses 321 m. Elle a longtemps été la plus haute tour du monde. Au Québec, le mât du stade olympique est la plus haute tour penchée du monde, même si la tour de Pise, en Italie, lui vole la vedette au rang des célébrités.

Le génie humain dépasse souvent les espérances et l'imagination. Que nous réserve-t-il pour l'avenir ?

Luc Morin

La Québécoise Phyllis Lambert

(1957-)

Phyllis Lambert a étudié l'architecture dans de prestigieuses écoles. Elle a travaillé à des projets dans le monde entier, et a reçu de nombreux prix et honneurs. Au Québec, on la connaît surtout parce qu'elle a fondé, en 1979, le Centre canadien d'architecture. Cet établissement, qu'elle dirige, contient un musée et une bibliothèque. On y donne des cours, et des chercheurs en architecture viennent y poursuivre leurs travaux. Madame Lambert a aussi créé Héritage Montréal. Cet organisme veille à conserver le patrimoine architectural de Montréal. Son but est de s'assurer que les vieux édifices de la ville soient rénovés plutôt que démolis.

Sylvie Lucas

Des ponts spectaculaires !

On estime qu'il s'est construit environ 1000 ponts couverts au Québec dans les années 1830. Il n'en resterait plus que 91. C'est aux États-Unis qu'est venue l'idée de recouvrir d'un toit les ponts de bois pour les empêcher de pourrir trop vite. On les peinturait d'un beau rouge sang de bœuf, une couleur très fréquente à l'époque. Le plus long pont couvert du Québec se trouvait à Saint-Félicien; il mesurait 335 m.

Le pont le plus vieux au monde se trouve en Turquie. Il a été construit il y a environ 3000 ans ! C'est un pont de pierre à une seule arche.

Pont couvert de la région Chaudière-Appalaches

Pont de Sydney

Le pont le plus long au monde se trouve en Louisiane, aux États-Unis. Quand on est au milieu, impossible de voir les rives !

Le pont le plus large au monde est à Sydney, en Australie. D'une largeur de 49 m, il permet le passage de 2 trains, de 8 voitures, de cyclistes et de piétons. En plus, on peut escalader sa structure lors d'excursions touristiques !

Pour résister aux rudes hivers québécois, des ingénieurs ont conçu un pont en plastique. Il passe au-dessus de la rivière Magog, en Estrie. C'est le seul pont du genre en Amérique du Nord ! En fait, il est constitué de plastique et de fibre de verre. Il est léger, ne rouille pas et s'entretient facilement.

Le pont d'aluminium à Jonquière a été construit en 1948. On n'a jamais eu besoin de le réparer depuis sa construction !

Sylvie Lucas

LÉONARD DE VINCI,
un artiste et un ingénieur

Léonard de Vinci est né en 1452, au nord de l'Italie, dans un village qui s'appelle comme lui : Vinci. Il est le fils d'un notaire et d'une paysanne.

Très jeune, Léonard parcourt la campagne. Il attrape des criquets et des papillons. Il cherche à comprendre les secrets de la nature.

Léonard fait des croquis de fleurs, d'insectes et d'oiseaux, vivants ou morts. Il dessine surtout des détails.

Dans la vingtaine, il est apprenti chez un artiste célèbre pour ses statues et ses peintures. Il perfectionne sa technique du dessin.

Dans l'atelier, Léonard est entouré d'artisans. Il les observe et écoute leurs conseils.

À 30 ans, Léonard travaille à Milan pour le duc Ludovic Sforza. Cet homme gouverne la ville.

Léonard explore la ville et observe son architecture militaire. Il visite des fabriques d'armes. Il veut comprendre comment fonctionnent les canons, les arbalètes…

Dans son atelier, Léonard couvre ses carnets de calculs et de dessins pour améliorer les armes.

Léonard voulait aussi créer des villes plus saines. En effet, les maisons et les rues étaient sales, humides et mal éclairées. Les épidémies de peste étaient fréquentes. Léonard dessina des plans de machines pour nettoyer les marais. Il imagina des canaux pour amener l'eau d'un fleuve au centre d'une ville. Il dessina des plans de rues superposées, réservées aux piétons ou aux véhicules.

Au 15e siècle, on ne savait presque rien du corps humain. En effet, la dissection des cadavres était interdite. Léonard étudia donc en cachette l'intérieur du corps humain pour le dessiner. Il réalisa des croquis précis des muscles, du cerveau et du cœur. Ces travaux permirent aux médecins et aux chirurgiens de faire des progrès.

Voici trois machines dessinées par Léonard de Vinci et fabriquées plus tard.

Cet engin recouvert d'une carcasse ▶ en bois possédait quatre roues. Il était armé de petits canons. Ce char d'assaut, inventé par Léonard, fut créé en 1916.

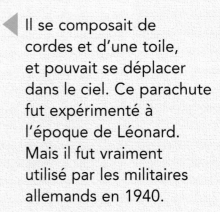

Deux hélices fixées l'une au-dessus de l'autre sur une tige devaient s'élever dans le ciel en tournant. Le premier vrai hélicoptère fut fabriqué en 1944.

◀ Il se composait de cordes et d'une toile, et pouvait se déplacer dans le ciel. Ce parachute fut expérimenté à l'époque de Léonard. Mais il fut vraiment utilisé par les militaires allemands en 1940.

Extrait de «Léonard de Vinci, un grand artiste de la Renaissance» : texte de Catherine Loizeau, © Images Doc, Bayard Jeunesse, 1999.

LES MATÉRIAUX DE CONSTRUCTION
À TRAVERS LE TEMPS

De tout temps, les gens se sont construit des abris pour se protéger des intempéries et des animaux. Autrefois, ils utilisaient tels quels les matériaux trouvés dans la nature. Depuis, ils ont appris à les transformer pour les rendre plus résistants et imperméables.

Autrefois

L'**argile** est en fait de la terre. C'est un matériau peu coûteux et facile à travailler. Dans les régions chaudes où il pleut rarement, la boue durcit au soleil et protège bien contre la chaleur. On utilisait donc ce matériau naturel il y a déjà 10 000 ans.

Dans les régions froides, on employait des matériaux plus résistants comme le bois et la pierre. Des branches et des morceaux de **bois** servaient à soutenir les murs en **peaux** ou en **terre**, ou à faire des poutres et des planches.

Les Amérindiens tendaient sur des perches la peau des animaux qu'ils avaient tués. Les Inuits construisaient leurs abris à partir de matériaux qu'ils avaient sous la main : des blocs de glace. Dans les régions humides et chaudes, les gens tressaient des feuillages pour fabriquer des abris imperméables.

La **pierre** (l'ardoise, le granit et le calcaire) sert depuis très longtemps à la construction de murs solides. Au début, on ramassait les pierres dans les champs, puis on les disposait de différentes façons. Par la suite, on taillait les pierres avant de les placer, afin d'obtenir un effet plus régulier.

Les Incas bâtirent la cité du Machu Picchu en 1500 avec des blocs de granit, tous s'emboîtant parfaitement sans l'aide de mortier.

DE NOS JOURS

Les matériaux naturels sont encore très employés. Le **bois** sert à faire les charpentes et le recouvrement des maisons ainsi que les portes et fenêtres. On le peint cependant pour l'empêcher de pourrir. Quant à la **pierre**, elle est coupée en blocs réguliers, prête à être posée.

Le climat sec de certains pays permet encore l'utilisation de l'**argile.** Mais la plupart du temps, elle est cuite sous forme de brique, de tuile ou de **dalle**, ce qui la rend plus résistante et imperméable.

Ces matériaux naturels sont cependant mal adaptés pour construire de grands bâtiments, comme les tours et les gratte-ciel. Aussi, on en a fabriqué de nouveaux.

Le **béton** est un matériau très courant dans les villes. Il est fait de ciment, de gravier et de sable, que l'on mélange à de l'eau. Une fois sec, il devient aussi dur qu'une roche. On augmente sa résistance en insérant des barres d'acier dans le béton liquide. On obtient alors du béton armé, un matériau qui permet d'élever des gratte-ciel et de construire des ponts qui supporteront de lourdes **charges**.

Lors d'opérations minières, on extrait de la terre différents métaux : fer, acier, cuivre, aluminium, étain, plomb, etc. Le fer entre dans la construction de la structure des ponts et de la charpente des grands édifices. Il en est de même pour l'acier qui est léger, très résistant et facile à souder.

Le **verre** est fabriqué à partir de sable. À l'origine, il était cassant, mais la technologie a permis de mettre au point un verre résistant au choc. De nos jours, on fabrique même des murs en verre !

Aujourd'hui, les gratte-ciel de béton, d'acier et de verre sont présents dans la plupart des pays du monde.

Depuis toujours, les êtres humains ont tenu compte des qualités des matériaux pour ériger des constructions qui répondaient à leurs besoins. Autrefois, les maisons des diverses parties du monde différaient par leurs matériaux et leurs formes. Aujourd'hui, des matériaux comme la brique, l'acier, le verre et le béton sont utilisés dans le monde entier.

Caroline McClish, Linda Tremblay

49

DES TECHNIQUES
BIEN UTILES !

A FAIRE DES BÂTONNETS

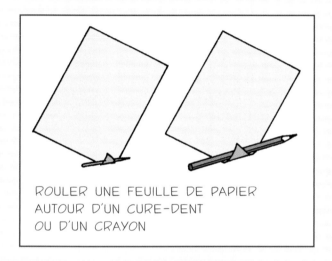

ROULER UNE FEUILLE DE PAPIER
AUTOUR D'UN CURE-DENT
OU D'UN CRAYON

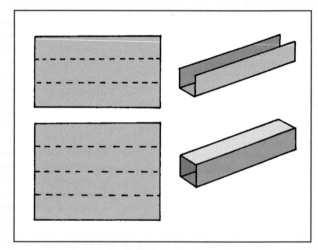

B LES ASSEMBLER

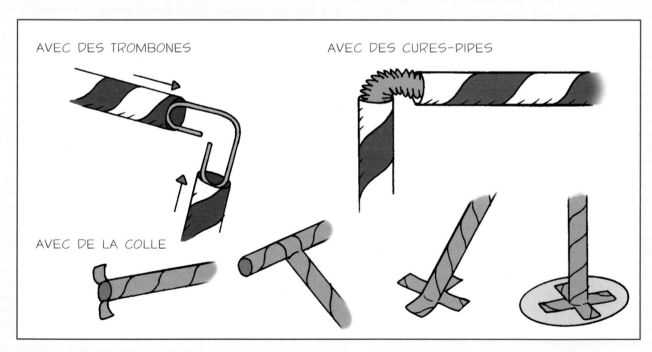

AVEC DES TROMBONES

AVEC DES CURES-PIPES

AVEC DE LA COLLE

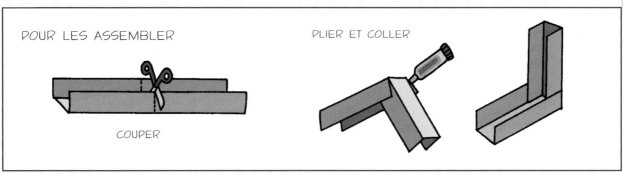

POUR LES ASSEMBLER

COUPER

PLIER ET COLLER

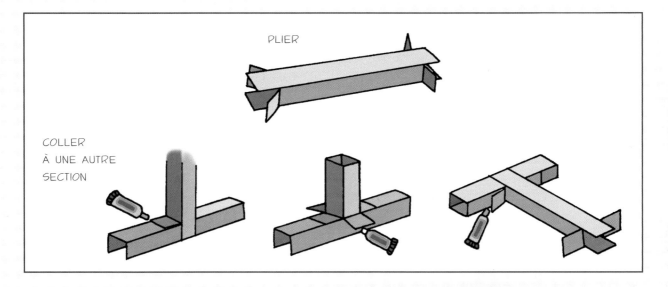

PLIER

COLLER
À UNE AUTRE
SECTION

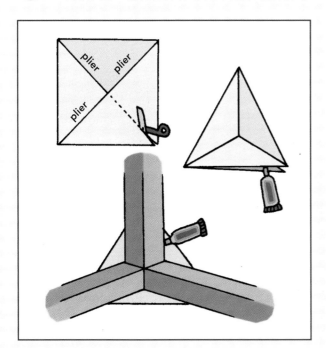

C POUR SOLIDIFIER TROIS EMBRANCHEMENTS

L'Ontarienne Esther Marjorie Hill

(1895-1985)

Le 4 juin 1920 marquait un grand jour dans la vie de Marjorie. Elle devenait la première femme au Canada à obtenir un diplôme en architecture. On en a même parlé dans les journaux ! Mais à cette époque, il était très difficile pour les femmes de se faire une place dans le monde du travail. Finalement, Marjorie décide d'ouvrir son propre cabinet d'architecte, et se met à dessiner des maisons et des immeubles. On dit d'elle qu'elle a apporté une précieuse contribution à l'architecture canadienne.

Sylvie Lucas

Petits laboratoires

Pourquoi faire des ponts en arc ?

Il y a plusieurs avantages à construire un pont en arc. Pour le découvrir, fais les essais ci-dessous.

PRÉPARATIFS

● Observe ces montages et reproduis-en des semblables avec le matériel que tu as sous la main (livres, règles de plastique ou bandes de papier).

● Procure-toi des objets (ex.: sous, rondelles de métal, billes, etc.) qui te serviront de charge pour tester la solidité de tes ponts.

Construis d'abord des ponts sans arc.

1er ESSAI

● Fais un pont qui relie une pile à l'autre en disposant, par exemple, deux règles côte à côte.

2e ESSAI

● Mets cette fois les règles l'une par-dessus l'autre.

Construis maintenant des ponts avec un arc.

> Note, pour chaque essai, la plus grosse charge que le pont peut supporter sans fléchir.

3e ESSAI

● Plie une règle en forme d'arc et accote les bouts à la base des piles. Les piles qui aident l'arc à conserver sa forme sont appelées des culées.

● Dépose la deuxième règle sur l'arche formée par la première, ce sera le tablier du pont.

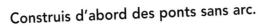

4e ESSAI

● Reproduis le montage précédent en utilisant des arcs plus étroits (18 cm, 15 cm) avec ta règle.

La structure en arc a été utilisée dans la construction du barrage de Manic 5.

COMMENT CONSTRUIRE
UNE TOUR BIEN SOLIDE ?

Construis une tour de quatre planchers de même dimension faits de carton ou de polystyrène.

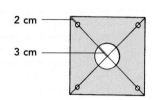

2 cm

3 cm

1 Prépare d'abord les quatre planchers.

- Trace un cercle au centre de chaque carré.

- Découpe ce cercle avec la pointe d'un crayon mine pour faire un gros trou au centre des planchers.

- Perce un petit trou aux quatre coins de tes planchers. Ces trous doivent tous être à 2 cm du bord.

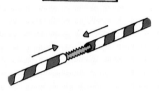

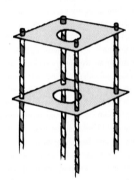

2 Relie ensuite les planchers entre eux par des pailles de 15 cm de longueur dans lesquelles tu auras d'abord inséré des cure-pipes.

3 Tiens la base avec une main et pousse doucement le sommet de la tour; elle penchera facilement.

4 Passe un tube de carton (ou un papier épais que tu auras enroulé et collé) dans le trou central jusqu'à la base afin de solidifier la tour. Dans un vrai gratte-ciel, ce tube abrite souvent les ascenseurs.

5 Tiens de nouveau la base d'une main et essaie de faire pencher ta tour. Elle est maintenant plus solide, n'est-ce pas ?

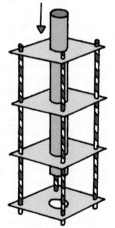

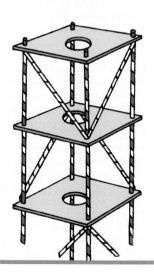

6 Enlève le tube. Enroule une feuille de papier autour d'un cure-dent afin qu'elle soit très serrée, puis écrase chaque extrémité. Prépare six tiges de ce genre. Colle deux tiges en diagonale par étage pour solidifier ta structure.

7 Tiens de nouveau la base et essaie de faire pencher la structure. Cette structure formée de triangles a solidifié la tour.

Une maquette maison

Que dirais-tu de construire ta propre maison ?

■ Prends une feuille de papier journal, place un cure-dent dans un coin de la feuille et enroule-la, en diagonale, autour du cure-dent. Tu as construit une première poutre ! Fais-en douze de la même longueur.

■ Colle quatre poutres ensemble pour former un carré : c'est la base de ta maison.

■ Colle ensuite une poutre verticale (un poteau) à chaque coin de ton carré.

■ Refais un carré avec quatre poutres et pose-le sur tes quatre poteaux. La structure de tes murs est montée ! Pour solidifier le tout, fixe des entretoises en diagonale sur des murs opposés. Fabrique de longues entretoises en collant deux poutres ensemble, au besoin.

■ Construis la toiture avec deux longues poutres que tu colleras ensemble et que tu plieras en triangle. Colle bien chaque triangle, puis relie tes deux triangles en y collant une plus longue poutre. Colle le tout à ton montage. Ta maison est presque terminée !

■ Utilise de grandes feuilles de papier journal pour faire les murs. Tu y auras auparavant pratiqué des ouvertures : les portes et fenêtres.

■ Refais une dizaine de longues poutres que tu colleras à l'horizontale sur ta toiture. Découpe ensuite de nombreux rectangles dans du papier de bricolage et colle-les l'un par-dessus l'autre sur ton toit. Tu viens de poser les bardeaux. Ta maison est à présent habitable !

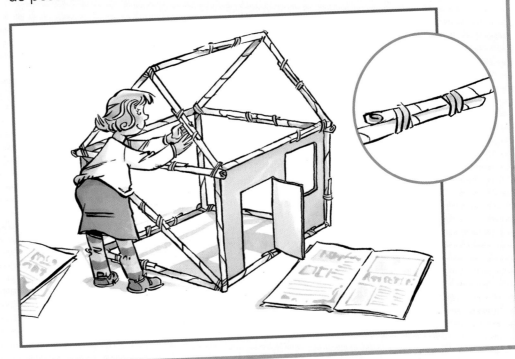

COMMENT FABRIQUER DES BRIQUES ?

Depuis des millénaires, des millions de maisons de par le monde sont faites en terre. Pourquoi ? Parce que la terre est gratuite, il y en a partout et elle est facile à travailler. C'est aussi un bon isolant contre le froid et la chaleur. Elle est modelée sous forme de briques et séchée.
Pour mieux résister à la pluie et au gel, les briques que nous utilisons sont cuites dans d'immenses fours.

À toi d'expérimenter la façon traditionnelle de faire des briques !

Mets 2 tasses de terre dans un bol.

Ajoute un peu d'eau pour obtenir une pâte lisse.

Ajoute de l'herbe ou de la paille dans le mélange.

Coupe un carton d'un litre à 4 ou 5 cm du haut pour faire un moule.

Mets un peu de vaseline sur les parois intérieures de ton moule.

Verse ton mélange dans ce contenant.

Dépose ton contenant au soleil pendant quelques jours.

Attends que la terre sèche, puis démoule ta brique.

Maison de terre au Tchad

L'air et l'eau sont indispensables aux êtres vivants. Ils sont indispensables à la vie. Un grand nombre d'activités sont liées à l'utilisation que l'on en fait. Tu as bien besoin d'air pour gonfler les pneus de ta bicyclette et d'eau pour te rafraîchir en pédalant, pas vrai !

L'air et l'eau

L'air en conserve

Dans une boîte, je rapporte
Un peu de l'air de mes vacances
Que j'ai enfermé par prudence.
Je l'ouvre ! Fermez bien la porte !

Respirez à fond ! Quelle force !
La campagne en ma boîte enclose
Nous redonne l'odeur des roses,
Le parfum puissant des écorces,

Les arômes de la forêt…
Mais couvrez-vous bien, je vous prie,
Car la boîte est presque finie :
C'est que le fond de l'air est frais.

Jacques Charpentreau,
Poèmes pour peigner la girafe, Paris,
© Gautier Languereau/Hachette Livre, 1994.

Poisson

Les poissons, les nageurs, les bateaux
Transforment l'eau.
L'eau est douce et ne bouge
Que pour ce qui la touche.

Le poisson avance
Comme un doigt dans un gant,
Le nageur danse lentement
Et la voile respire.

Mais l'eau douce bouge
Pour ce qui la touche,
Pour le poisson, pour le nageur, pour
le bateau
Qu'elle porte
Et qu'elle emporte.

Paul Éluard, *Petits poèmes pour tous les jours*,
Paris, Nathan, 2000, p. 31.

LA CONQUÊTE AÉRIENNE DE L'ATLANTIQUE

Un acrobate de l'air : Charles Lindbergh

En 1922, Charles Lindbergh a vingt ans et il veut devenir aviateur. Pendant deux ans, il participe à des spectacles aériens. Il marche sur l'aile d'un avion ou saute en parachute. Grâce à l'argent qu'il a gagné, il achète son premier avion. Il passe ensuite son brevet de pilote militaire.

New York–Paris, un projet audacieux

Depuis longtemps, un homme très riche promet une récompense en dollars aux pilotes américains ou français qui relieront New York à Paris.

Lindbergh relève le pari !

Lindbergh est pilote. Il transporte le courrier entre deux grandes villes américaines. Il rêve aussi de traverser l'Atlantique et de remporter le prix. Soutenu financièrement par des hommes d'affaires, il réussit à se faire construire un avion. Deux mois après la commande, le *Spirit of Saint Louis* est terminé.

La victoire américaine

Lindbergh décolle le 20 mai 1927. Il a décidé d'alléger au maximum son avion. Il voyage seul, sans coéquipier, sans radio et même sans parachute ! Sa traversée de l'Atlantique sans escale est un grand exploit aérien. Le 21 mai, au Bourget, plus de 100 000 personnes l'acclament. La nouvelle de sa victoire fait le tour du monde. De retour aux États-Unis, il est fêté en héros et reçoit des milliers de cadeaux d'admirateurs.

La nuit, en plein milieu de l'Atlantique, Lindbergh rase la mer.

GRÂCE À L'ÉCUME QUI VOLE, JE CONNAIS AU MOINS LA DIRECTION DU VENT.

QUELLE EST LA DIRECTION DE L'IRLANDE ?

Moteur au ralenti, il crie pour se faire entendre du pêcheur.

Au coucher du soleil, Paris n'est plus loin.

GÉNIAL...
CES PHARES INDIQUENT
LA ROUTE AUX AVIONS !

Aujourd'hui, des vols transatlantiques quotidiens

Chaque année, des millions de passagers traversent l'Atlantique. Des progrès considérables ont été accomplis dans le domaine de la vitesse, de la sécurité et du confort. Les avions sont équipés de turboréacteurs, de commandes électroniques, d'un système de guidage par ordinateur. Le *Concorde* détient le record de vitesse entre Paris et New York : il relie ces deux villes en moins de 4 heures, à la vitesse maximale de 2179 km à l'heure !

Extrait de «Lindbergh, un as de l'aviation» : texte de Catherine Loizeau, © *Images Doc*, Bayard Jeunesse, 2002.

L'Américaine Amelia Earhart

(1896-1937)

On la surnommait Lady Lindy, car physiquement elle ressemblait un peu à Lindbergh. Mais aussi parce qu'elle a renouvelé l'exploit du grand aviateur en traversant seule l'Atlantique. La traversée n'a pas été de tout repos ! Deux heures après son départ, un violent orage secoue son appareil. L'altimètre et le tachymètre sont déréglés. Le collecteur d'échappement est dessoudé et vibre énormément. En plus, un de ses réservoirs d'essence fuit. Durant toute la nuit, elle doit lutter pour maintenir son appareil dans les airs. Il faut dire qu'on est en 1932. Les avions ne sont pas aussi perfectionnés que ceux d'aujourd'hui ! Elle se pose finalement en Irlande du Nord. Mission accomplie : la traversée a été réalisée !

Sylvie Lucas

Les progrès de

LES PREMIERS BATEAUX

Les pirogues et les radeaux

Quelques milliers d'années avant Jésus-Christ

Les premiers hommes utilisaient des pirogues creusées dans des troncs d'arbre, des barques de roseaux tressés et des radeaux en bois pour pêcher et pour traverser les cours d'eau. On les faisait avancer à l'aide d'une perche ou d'un aviron.

La galère

5e siècle avant Jésus-Christ

Plusieurs peuples utilisaient des galères. Elles étaient surtout destinées au combat. Des voiles leur permettaient d'avancer par vent arrière. Sinon, on faisait appel à la force des rameurs.

Les drakkars

9e siècle et 10e siècle

Les Vikings sillonnaient les mers sur leurs drakkars. Ces bateaux pouvaient naviguer à la voile ou à la rame. Quand il n'y avait pas de vent, des rameurs prenaient la relève. Le fond plat des drakkars leur permettait de s'approcher très près des côtes.

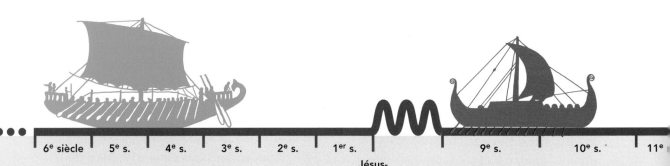

6e siècle · 5e s. · 4e s. · 3e s. · 2e s. · 1er s. · Jésus-Christ · 9e s. · 10e s. · 11e

Longueur: 50 m

Les galériens étaient des esclaves ou des condamnés. Une des plus grandes galères comptait 4000 galériens.

Longueur: 20 m

Les Vikings sont les premiers à avoir traversé l'Atlantique.

la navigation

LE TEMPS DES VOILIERS

La jonque chinoise

13e siècle

En Chine, on utilise la jonque pour le commerce, la pêche et la guerre. Ces embarcations ont souvent trois ou quatre mâts et des voiles traversées par des bambous pour profiter au maximum du vent.

La caravelle et la caraque

14e siècle

Les caravelles et les caraques sont de petits voiliers munis de deux ou trois mâts. Ils tiennent bien la mer et sont idéals pour les grands voyages d'exploration des océans. En plus de voiles carrées, ils possèdent des voiles triangulaires qui leur permettent d'avancer par vents contraires.

Le galion

16e siècle

Le galion était un vaisseau de guerre rapide. Pendant 250 ans, il a été de toutes les batailles navales. Avec les années, on en a construit de plus gros et de plus puissants. Certains pouvaient avoir plus d'une centaine de canons.

Le clipper

Dès 1840

Les clippers étaient les plus rapides voiliers de leur époque. Leur coque effilée permettait de fendre les plus hautes vagues. Leur très grande voilure leur donnait un air élancé. Ils embarquaient des passagers et transportaient du thé d'Orient, de la laine d'Australie et de l'or de la Californie.

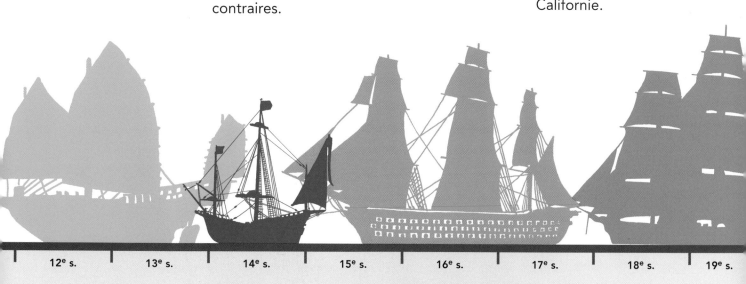

12e s. 13e s. 14e s. 15e s. 16e s. 17e s. 18e s. 19e s.

Longueur: 55 m

Longueur: 20 m

La *Niña* de Christophe Colomb est la caravelle la plus célèbre.

Les galions ramèneront en Europe les richesses enlevées aux Indiens d'Amérique du Sud.

Les progrès de

LES BATEAUX À VAPEUR

Avec l'invention de la machine à vapeur, les bateaux ne dépendent plus de la force du vent. De plus, c'est à partir de cette époque que le fer et l'acier commencent à remplacer le bois dans la construction des bateaux.

Les steamers

Au début du 19e siècle

Les premiers bateaux à vapeur sont propulsés par des roues à aubes actionnées par une machine à vapeur. Les steamers étaient utilisés comme paquebots et cargos puisqu'ils faisaient le transport de passagers et de marchandises.

Les grands paquebots

À partir de 1900

Ces grands et luxueux bateaux commencèrent à faire régulièrement la traversée de l'Atlantique. Mais dès 1945, les avions concurrencent les paquebots, qui seront désormais surtout utilisés pour les croisières.

> Pour comprendre la force de la vapeur, pense au couvercle de la casserole qui se soulève lorsque l'eau bout à gros bouillons.

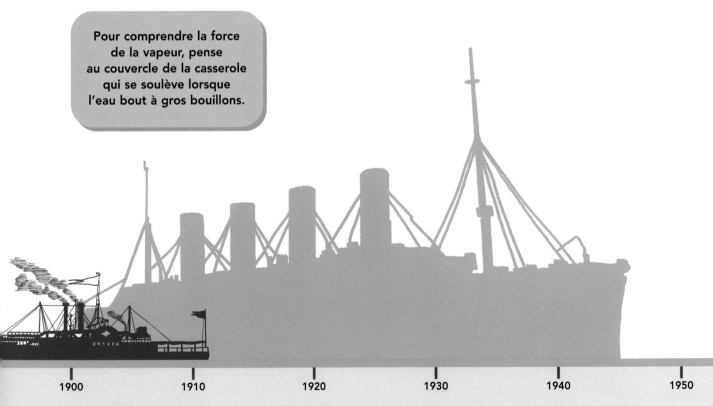

| 1900 | 1910 | 1920 | 1930 | 1940 | 1950 |

En tournant, les roues chassaient l'eau et faisaient avancer le bateau. Plus tard, elles ont été remplacées par des hélices.

Longueur: 150 m

En 1912, on construit le *Titanic*, un gigantesque paquebot (269 m de long) possédant quatre cheminées. Le *Titanic*, «insubmersible», frappe un iceberg lors de sa première traversée et sombre dans l'eau glacée.

la navigation

LES PÉTROLIERS ET LES PORTE-CONTENEURS

Le pétrolier

Vers 1960

On voit sur les océans de gigantesques pétroliers longs d'environ 300 m qui transportent jusqu'à 500 000 tonnes de pétrole dans leurs soutes.

Ces énormes navires ne sont pas rapides (environ 30 km/h), mais les architectes navals essaient de diminuer le plus possible leur résistance au déplacement dans l'eau. Ces transporteurs sont tellement longs qu'ils ne peuvent bien souvent entrer dans les ports pour décharger leurs marchandises. Ils doivent jeter l'ancre au large et vider leur soute à l'aide de pipe-line.

Les porte-conteneurs

Dans les cales d'un porte-conteneurs, on charge des milliers de grandes boîtes de métal de 6 m sur 2 m et hautes de 2 m. Ces conteneurs arrivent au port par train ou par camion, et sont chargés sur le bateau par des grues. Les porte-conteneurs transportent toutes sortes de marchandises: voitures, moteurs, meubles, aliments, etc.

> Le pétrole est essentiel dans notre monde moderne, mais son transport peut présenter une menace considérable pour l'environnement. La coque des pétroliers est tellement longue que lorsqu'il y a des collisions ou des naufrages, elle se casse plus facilement. Le pétrole se répand alors sur l'eau et pollue les côtes sur des milliers de kilomètres.

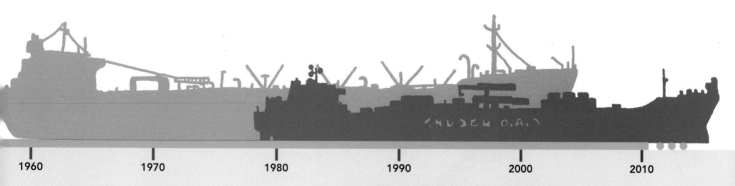

| 1960 | 1970 | 1980 | 1990 | 2000 | 2010 |

Aujourd'hui, les deux tiers du transport de marchandises se fait par porte-conteneurs.

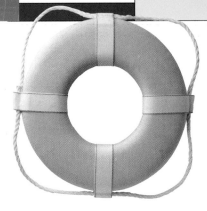

Les grands voiliers de compétition

Le monocoque

Comme son nom l'indique, un monocoque n'a qu'une coque. Ce type de voilier remonte très bien contre le vent et peut affronter tous les océans du monde. À pleine vitesse, il file à 35 km/h.

Le catamaran

Ce voilier possède deux coques. Quand le vent forcit, il se penche et navigue en équilibre sur une seule coque. Comme il freine moins sur l'eau, il avance plus vite. Il peut atteindre 55 km/h.

Le trimaran

Ce voilier a trois coques. Sa coque centrale est reliée à deux flotteurs latéraux effilés. Quand il y a du vent, le trimaran navigue sur un seul flotteur… à 60 km/h.

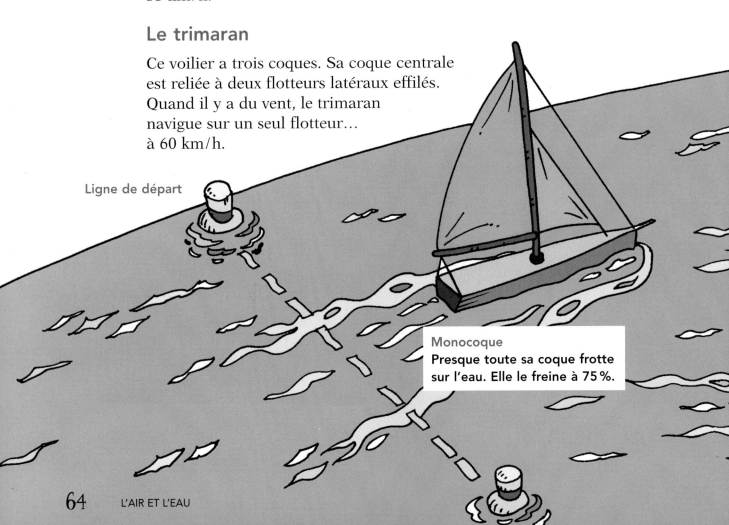

Ligne de départ

Monocoque
Presque toute sa coque frotte sur l'eau. Elle le freine à 75 %.

L'hydroptère

Par petit temps, l'hydroptère navigue sur ses trois coques. Mais dès que le vent augmente, ses coques sortent complètement hors de l'eau. Il tient en équilibre sur d'immenses patins inclinés, les foils. Il file alors à plus de 66 km/h.

Extrait de «2400 voiliers pour la grande fête de la voile» : texte de Marc Beynié, © *Images Doc*, Bayard Jeunesse, 2000.

Ces voiliers font la course. Bien qu'ils aient la même taille, ils n'avancent pas à la même vitesse. Pourquoi ?

Ligne d'arrivée

Trimaran
Une de ses trois coques frotte. Elle le freine à 48 %.

Catamaran
Une de ses deux coques frotte sur l'eau. Elle le freine à 52 %.

Hydroptère
Aucune coque ne frotte. Ses patins le freinent à 25 %.

Magnifique Bluenose!

Une pièce de 0,10 $ roule sur le sol. Finira-t-elle sa course côté pile ou côté face ? Pile ! Apparaît alors l'image du *Bluenose*, cette célèbre goélette qui a fait la fierté de son pays.

Le goût du défi !

Le sénateur William H. Dennis éclate de rire. Il vient d'apprendre qu'une importante course de voiliers a été annulée aux États-Unis à cause de grands vents. Les pêcheurs canadiens ne se laisseraient pas impressionner par si peu ! Il lui vient alors une idée : préparer pour 1920 une nouvelle course internationale où s'affronteront des goélettes. Ces embarcations de pêche (et surtout leur capitaine et équipage !) sont habituées à affronter les courants déchaînés de l'Atlantique. Souvent, elles quittent le port durant de longues semaines pour pêcher la morue près des Grands Bancs. Chaque équipage a intérêt à revenir vite afin de ne pas perdre le poisson accumulé dans les cales et de profiter des meilleurs prix du marché.

La course a lieu… et elle est remportée par un bateau américain. Cette défaite écorche la fierté des Canadiens !

Né pour gagner !

Dennis fait alors construire une goélette qui, cette fois, devrait battre les Américains. Il choisit un capitaine habile et valeureux pour la commander : Angus Walters. Le 26 mars 1921, le *Bluenose* quitte les chantiers de la Nouvelle-Écosse où il a été bâti pour s'élancer en mer. Vers la fin de l'année, il affronte l'*Elsie,* un bateau américain… et remporte la victoire ! L'honneur du Canada

Le *Bluenose II*

est sauf ! L'année suivante, le *Bluenose* remporte à nouveau le trophée. Ce bateau est vraiment fait pour gagner ! Mais comment expliquer sa rapidité ? Serait-ce à cause de sa coque élargie ou du bois à partir duquel il a été fait ? À moins que ce ne soit grâce à son rude capitaine…

Une première défaite…

En 1930, Ben Pine, capitaine du bateau américain *Gertrude L. Thébaud*, souhaite affronter le célèbre *Bluenose*. Celui-ci se fait vieux alors que le fougueux *Thébaud* est nouvellement construit. Le *Bluenose* perd. Nouvelle bataille l'année suivante. Cette fois, le *Bluenose* remporte brillamment la victoire. «On n'a pas encore planté l'arbre qui battra un jour le *Bluenose*», déclare Walters, triomphant !

Les deux goélettes disputent une nouvelle compétition de cinq courses en 1938. Le trophée est en jeu… et l'honneur de leur capitaine aussi ! Au milieu de la compétition, c'est 2 à 2. Walters supplie son embarcation: «Une dernière fois, ma vieille, ensuite tu te reposeras !» Le *Bluenose* remporte la course… avec une vitesse moyenne plus rapide que toutes celles jamais enregistrées par une goélette !

Une bien triste fin…

Le fier *Bluenose* a terminé sa carrière en transportant des marchandises. En janvier 1946, il heurte un récif et coule sans qu'on en récupère le moindre morceau.

Tout plein d'honneurs !

On a émis deux timbres en son honneur. Mais, surtout, on lui a redonné vie en construisant, en 1963, le *Bluenose II* ! Et qui donc tenait la barre lors de son premier voyage ? Le capitaine Walters, âgé de 80 ans !

Sylvie Lucas

La goélette est un bateau à deux mâts dont les voiles sont habituellement triangulaires. Elle est souvent utilisée par les pêcheurs.

L'air et l'eau : des indispensables !

L'air ne se voit pas, mais il est partout !

La cuisine

Le pain et les gâteaux sont remplis de bulles ! Ces bulles prennent de l'expansion lors de la cuisson et font donc monter la pâte.

Les mousses et les soufflés gonflent, car de l'air s'y est infiltré lorsque les ingrédients ont été mélangés.

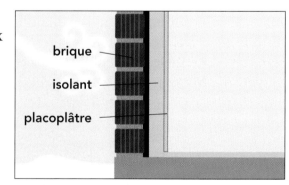

La construction de maisons

Les fenêtres à double vitrage sont très efficaces contre les pertes de chaleur. L'air emprisonné entre les deux vitres aide à conserver la chaleur dans la maison.

On isole les murs en mettant des panneaux de polystyrène. Ces panneaux sont remplis d'alvéoles d'air.

brique

isolant

placoplâtre

L'automobile

Les coussins d'air installés dans les véhicules modernes protègent les passagers en se gonflant lors d'une collision.

On gonfle les pneus des voitures avec de l'air comprimé.

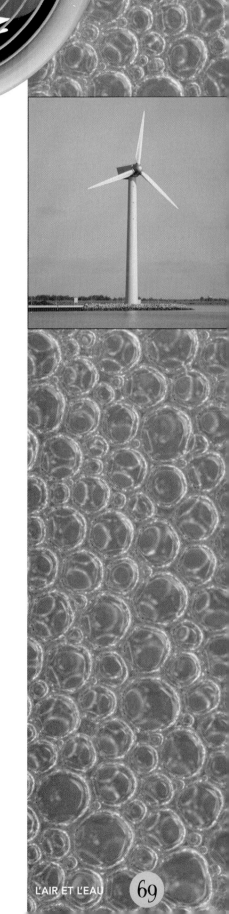

Les appareils ménagers

Avec ses pales, le ventilateur brasse de l'air et rafraîchit durant les chaudes journées.

L'aspirateur et le séchoir à cheveux utilisent eux aussi de l'air.

Les éoliennes

Les éoliennes sont installées dans les régions où le vent est très fort. Il fait bouger les longues pales de l'éolienne, produisant ainsi de l'électricité. Cette électricité peut suffire à alimenter de nombreuses habitations.

L'eau est inodore et incolore, mais elle est loin d'être inutile!

L'agriculture

C'est connu: pour pousser, les fruits et légumes ont besoin d'eau. Mais à certains endroits, elle se fait rare. Les agriculteurs doivent donc irriguer leurs terres. Ils creusent des canaux et

des rigoles qui dirigent l'eau vers les cultures. Certains utilisent même un arroseur. Cette machine, montée sur des roues, se déplace le long du champ en arrosant. Certains produits doivent être complètement recouverts d'eau, par exemple le riz et les canneberges.

L'hydroponie

La culture hydroponique permet de faire pousser des plantes sans terre, avec de l'eau uniquement! Des éléments nutritifs sont dissous dans l'eau. On y met les racines des plantes qui, elles, sont suspendues au-dessus du bassin d'eau.

L'électricité

L'eau d'une chute coule de haut en bas avec force. C'est pourquoi on construit d'énormes **turbines** au pied des barrages électriques. L'eau fait tourner les turbines et produit ainsi de l'électricité.

Sylvie Lucas

Ellen MacArthur
et ses voyages en mer

(Angleterre, 1976-)

C'est lors d'une sortie en mer avec sa tante qu'Ellen
découvre sa passion pour la voile. Elle n'a que huit ans.
Elle se met alors à rêver et décide de devenir navigatrice!
Plus tard, elle économise sur ses repas à la cafétéria afin d'acheter
son premier bateau. Son premier grand exploit, elle le réalise en 2000
en participant à la fameuse course du Vendée Globe. Cent jours
à naviguer seule en mer, autour du monde!

Puis arrive le samedi 9 novembre 2002. Ellen est à la barre de
Kingfisher, son voilier monocoque de 60 pieds. Elle s'apprête
à prendre le départ pour une nouvelle course en solitaire, la Route
du Rhum. Départ: France. Destination: Guadeloupe. Les trimarans,
ces Formule 1 de la mer, ne partiront que 24 heures plus tard. Sur
leurs bateaux, les navigateurs doivent voir à tout: ils sont ingénieurs,
électriciens, cuisiniers et même parfois médecins. Les dix jours
de course sont épouvantables! Les navigateurs ont dû affronter
une forte tempête, des vagues gigantesques et des vents violents.
Parmi les 59 embarcations engagées dans la course, plusieurs
ne la termineront pas. Certains navigateurs ont abandonné, car ils ont
subi des avaries (mât cassé, coque fissurée, etc.). D'autres se sont
blessés en manœuvrant leur bateau. Un monocoque a heurté
un porte-conteneurs, une autre embarcation a eu une collision
avec un cargo et plusieurs ont même carrément chaviré! Et Ellen
dans tout ça? Incroyable! Elle arrive à destination la toute première
après 13 jours, 13 heures, 31 minutes et 47 secondes de navigation.
La moitié des autres bateaux sont encore en course et certains
ne sont même pas rendus à mi-chemin!

Mais une fois la course terminée, on s'interroge. Les voiliers
sont de plus en plus rapides, mais ils résistent mal aux vagues
destructrices de l'Atlantique. Les navigateurs, les architectes et
les ingénieurs doivent revoir la structure et les matériaux utilisés
pour la construction des embarcations. D'ici la prochaine course,
Ellen, elle, savoure sa victoire.

Sylvie Lucas

As-tu l'esprit scientifique ?

Avoir l'esprit scientifique, c'est observer le monde qui t'entoure. C'est t'interroger sur des phénomènes naturels, mais c'est aussi réaliser des expériences pour répondre à tes questions.

Pour tester ton esprit scientifique, lis les questions suivantes.

Pour chacune d'elles :

- formule une hypothèse *Je pense que....*
- décris l'expérience qui te permettrait de trouver une réponse.

EXEMPLE

Question : *Est-ce que l'eau prend toujours le même temps pour geler ?*

Hypothèse : *Je pense que l'eau gèle plus vite si elle est dans un contenant peu profond.*

Expérience :

- *Verser 3 c. à soupe d'eau dans un verre et dans une soucoupe.*
- *Mettre les deux contenants au congélateur.*
- *Vérifier l'état de l'eau toutes les 5 minutes.*

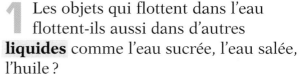

1 Les objets qui flottent dans l'eau flottent-ils aussi dans d'autres **liquides** comme l'eau sucrée, l'eau salée, l'huile ?

2 Est-ce qu'un liquide peut flotter sur l'eau ?

3 Est-ce qu'un glaçon a la même masse lorsqu'il a fondu ?

4 Est-ce que l'eau à l'**état solide** occupe plus d'espace que l'eau à l'état liquide ?

5 Un glaçon fond-il plus vite dans l'eau froide que dans l'eau chaude ?

6 Est-ce que la glace flotte sur d'autres liquides que l'eau ?

7 Qu'est-ce qui s'évapore le plus vite : de l'eau ou de l'alcool à friction ?

8 Si tu laisses de l'eau boueuse s'évaporer, qu'observeras-tu ?

9 Est-ce que l'eau s'évapore toujours à la même vitesse ?

10 Si tu pèses la même quantité de deux liquides, est-ce qu'ils auront la même masse ?

Avoir l'esprit scientifique, c'est aussi partager tes découvertes avec les autres. Compare les expériences auxquelles tu as pensé à celles d'autres camarades. Ensemble, choisissez celles qui vous intéressent le plus, réalisez-les et présentez vos résultats.

Réponses : p. 149

Construis un moulin

Et si tu construisais ton propre moulin à eau ou encore ton éolienne !

1 Enfile une tige de métal (une aiguille à tricoter ou une brochette) dans un rouleau de pâte à modeler d'environ 10 cm de long. Puis casse les manches de 4 cuillers de plastique et pique-les tout autour de ton rouleau.

2 Façonne 2 rondelles de pâte à modeler. Enfile ta tige dans la première rondelle. Attache ensuite une corde à ta tige. À l'autre bout de la corde, attache un objet léger (une petite voiture en plastique ou un trombone, par exemple). Puis glisse la dernière rondelle autour de la tige.

3 Plante les manches de 2 fourchettes dans des pots de yogourt remplis de pâte à modeler et dépose la tige sur les dents de tes fourchettes. La tige doit pouvoir tourner librement.

4 Dépose le tout sur une table. Dirige le souffle d'un séchoir à cheveux sur les cuillers. Que se passe-t-il ?

5 Dépose à présent ton montage dans un évier et fais couler doucement de l'eau sur les cuillers. Ici encore, la corde s'enroule autour de la tige et soulève l'objet !

Sylvie Lucas

Flotter sur l'air... en aéroglisseur !

L'aéroglisseur est un véhicule qui se déplace sur un coussin d'air. Ce coussin d'air empêche l'engin d'entrer en contact avec la surface sur laquelle il se trouve. Sans friction, l'aéroglisseur avance plus facilement.

Matériel

- carton mince ou assiette de polystyrène
- bouchon de liège coupé en deux
- vis (pour faire un trou dans le bouchon)
- paille d'une longueur d'environ 10 cm
- ballon gonflable
- colle
- pâte à modeler (si cela est nécessaire)

1. Coupe un cercle de 10 cm de diamètre dans l'assiette ou dans le carton et fais un trou au centre (avec la pointe d'un crayon) afin de pouvoir y insérer une paille.

2. Perce un trou dans le bouchon de liège avec une longue vis et retire-la.

3. Colle le bouchon au centre de l'assiette ou du disque en carton en prenant soin de bien aligner les deux trous.

4. Glisse la paille dans le trou de l'assiette et dans le bouchon. Il ne doit pas y avoir d'espace entre la paille et l'assiette. S'il y a un jeu, colmate bien avec de la pâte à modeler.

5. Enfile le ballon sur le bouchon de liège.

6. Souffle dans la paille pour gonfler le ballon. Bouche l'ouverture de la paille pour que l'air ne s'échappe pas.

Voilà, ton aéroglisseur est prêt ! À présent, dépose-le sur une table, retire la paille, donne-lui une petite poussée et laisse-le aller !

Que se passe-t-il ?

La force du courant d'air qui sort du ballon soulève légèrement la plateforme de ton aéroglisseur qui glisse sur un coussin d'air. L'air réduit donc la friction et permet à l'aéroglisseur de flotter sans toucher le sol ou l'eau quand il se déplace.

Caroline McClish

Construis un sous-marin

D'après toi, comment un sous-marin peut-il à la fois plonger au fond de l'eau et flotter à la surface ? Pour découvrir le rôle de l'air dans un sous-marin, fabriques-en un !

Expérience
FACILE
DURÉE :
10 minutes

Pour cette expérience, il te faut :

Une bouteille en plastique vide

Un ballon de baudruche

Une bobine de fil à coudre

Un mètre de tuyau de silicone de 3 mm de diamètre
(Tu en trouveras dans les animaleries.)

Six bâtons de pâte à modeler

1 Gonfle, puis dégonfle le ballon* pour l'assouplir. Place ensuite une extrémité du tuyau dans l'embout. Enroule une dizaine de fois le fil à coudre autour. Serre bien et fais un nœud.

2 Pétris les bâtons de pâte à modeler pour en faire 2 boules. Transforme-les en 2 longs rouleaux. Place-les dans la bouteille, puis introduis-y le ballon.

3 Fais couler la bouteille en l'inclinant un peu dans un grand bassin d'eau.

4 Attends que la bouteille repose au fond de l'eau, puis souffle dans le tuyau sans lâcher l'embout. Qu'observes-tu ?

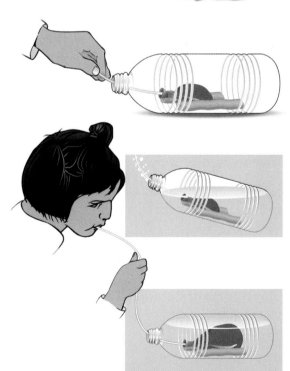

* Si tu n'arrives pas à gonfler le ballon, demande à un ou à une adulte de t'aider.

Que s'est-il passé ?

■ Dans cette expérience, la bouteille en plastique correspond à la coque du sous-marin.
La pâte à modeler joue le rôle des machines.
Le ballon correspond aux réservoirs d'eau du sous-marin.

■ Quand tu gonfles le ballon, tu chasses l'eau de la bouteille. Elle s'allège et remonte.

■ Quand tu vides l'air du ballon, l'eau rentre dans la bouteille. Elle coule.

Et dans un sous-marin aussi !

■ Quand le commandant de l'*Inflexible* donne l'ordre de remplir d'eau les ballasts, le sous-marin s'alourdit et s'enfonce dans l'eau.

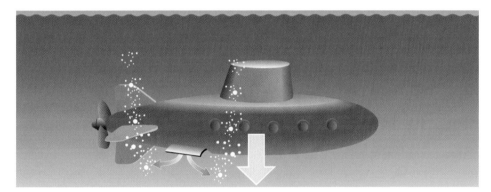

L'eau remplace l'air dans les ballasts.

■ Lorsque le commandant donne l'ordre de chasser l'eau des ballasts avec de l'air, le sous-marin s'allège et remonte.

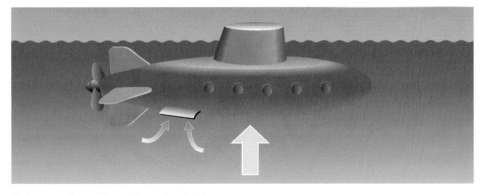

L'air remplace l'eau dans les ballasts.

Extrait de «Construis un sous-marin»: texte de Marc Beynié,
© *Images Doc*, Bayard Jeunesse, 2000.

FABRIQUE TON CERF-VOLANT

Matériel

- 2 baguettes de bois d'environ 5 mm de diamètre et 70 cm de longueur
- 100 cm de fil à pêche ou de ficelle fine
- des ciseaux
- une agrafeuse
- un grand sac à ordures en plastique épais

- du ruban adhésif
- de la corde de nylon (pour le tour de l'armature, pour la bride et pour faire voler le cerf-volant)
- un anneau de rideau en plastique
- un rouleau de papier essuie-tout vide coupé en deux sur la longueur

Place les deux baguettes en croix. Enroule le fil à pêche ou la ficelle autour des deux baguettes et fixe-les avec des nœuds solides (VOIR DESSIN 1).

Fixe l'extrémité de la corde de nylon à la base de l'armature à l'aide d'une agrafeuse. Tends la corde et fixe-la aux trois autres extrémités en procédant de la même façon.
(VOIR DESSIN 2).

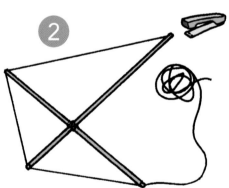

Fais passer de nouveau la corde à la base de l'armature et fixe-la à l'aide de l'agrafeuse. Laisse dépasser un bout de corde de la longueur de ton choix. Ce sera la queue de ton cerf-volant.
(VOIR DESSIN 3).

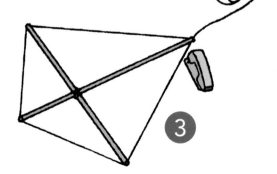

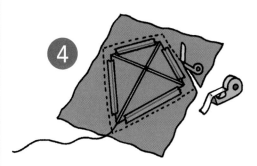

4

Place ton armature sur le sac de plastique et colle-la avec du ruban adhésif. Découpe le plastique en débordant le cadre d'environ 2 cm. Fais ensuite des V à chaque extrémité de ton cerf-volant (VOIR DESSIN 4).

Replie le plastique par-dessus l'armature et colle-le à l'aide de ruban adhésif.

Fais la bride de ton cerf-volant en prenant un bout de corde de 120 cm. Plie-le en deux et pousse le côté plié dans l'anneau de plastique.

5

Fais passer les deux côtés libres à travers la boucle en t'assurant de fixer l'anneau au milieu de la corde (VOIR DESSIN 5).

Attache une extrémité de la corde à la tête de ton cerf-volant et l'autre à la base.

Utilise le reste de la corde de la façon suivante.

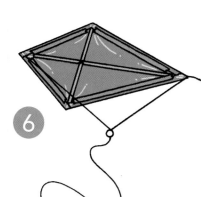

6

Attache une extrémité de la corde à l'anneau de plastique, puis l'autre extrémité à un rouleau de papier essuie-tout vide que tu auras coupé en longueur. Enroule la corde autour de ce carton pour te faire une poignée (VOIR DESSIN 6).

Si tu le veux, tu peux décorer la queue de ton cerf-volant de papillotes de papier.

AMUSE-TOi À LE FAiRE VOLER MAiNTENANT !

Attention...

- Ne fais pas voler ton cerf-volant s'il y a un orage, car il pourrait attirer la foudre.
- Choisis un terrain loin des bâtiments, des arbres et des fils électriques.
- Évite de faire voler ton cerf-volant s'il y a de forts vents.

Linda Tremblay

Petits laboratoires

LES PROPRIÉTÉS DE L'AIR ET DE L'EAU

Tu prépares une expo-science ? Voici quelques idées d'expériences étonnantes !

– Choisis un de ces problèmes et l'énoncé (a, b ou c) qui correspond à ce qui va arriver selon toi.

– Réalise l'expérience proposée.

– Note l'énoncé (a, b ou c) qui correspond au résultat que tu as obtenu.

– Choisis ensuite l'explication scientifique (p. 149, A, B, C, D, E ou F) qui convient le mieux au problème que tu as résolu.

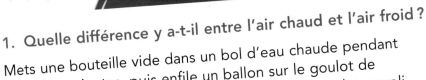

1. Quelle différence y a-t-il entre l'air chaud et l'air froid ?

Mets une bouteille vide dans un bol d'eau chaude pendant quelques minutes, puis enfile un ballon sur le goulot de la bouteille. Dépose ensuite ta bouteille dans un plat rempli de glaçons. Qu'arrive-t-il ?

a) Le ballon se gonfle.

b) Le ballon entre dans la bouteille.

c) Le ballon se contracte.

2. Reproduis le montage ci-contre. Utilise des mitaines isolantes pour faire cette expérience.

Qu'arrivera-t-il si tu mets l'ouverture d'un des deux sacs au-dessus d'un bac d'eau chaude et l'ouverture de l'autre au-dessus d'un bac rempli de glaçons ?

a) Le sac rempli d'air chaud sera plus léger que celui rempli d'air froid.

b) Le sac rempli d'air froid sera plus léger que celui rempli d'air chaud.

c) Les deux sacs s'équilibreront.

3. Qu'arrivera-t-il si tu mets 2 c. à soupe d'eau dans deux soucoupes et que tu places l'une d'elles au soleil et l'autre à l'ombre ?

a) L'eau s'évaporera à la même vitesse dans les deux soucoupes.

b) L'eau s'évaporera plus vite dans la soucoupe placée au soleil.

c) L'eau s'évaporera plus vite dans la soucoupe placée à l'ombre.

4. Reproduis le montage ci-contre.

Assure-toi que le joint de pâte à modeler empêche l'air d'entrer dans la bouteille. Verse de l'eau dans l'entonnoir. Que se passe-t-il ?

a) L'eau ne coule pas dans la bouteille.

b) L'eau coule difficilement dans la bouteille.

c) L'eau coule très facilement dans la bouteille.

5. **Fais un trou dans le joint de pâte à modeler et verse de l'eau. Que se passe-t-il ?**

a) L'eau ne coule pas dans la bouteille.

b) L'eau coule difficilement dans la bouteille.

c) L'eau coule très facilement dans la bouteille.

6. Chiffonne une feuille de papier et enfonce-la dans un verre de plastique. Retourne le verre et plonge-le tout droit dans un bol d'eau. Sors le verre de l'eau en le tenant toujours très droit. Que s'est-il passé ?

a) Le papier chiffonné est mouillé.

b Le papier chiffonné est resté sec.

c) Il était impossible d'enfoncer le verre dans l'eau.

7. Qu'arrive-t-il si tu mets un ballon sur le goulot d'une bouteille de boisson gazeuse que tu viens d'ouvrir et que tu agites ?

a) Le ballon se gonfle.

b) Le ballon reste tel quel.

c) Le ballon éclate.

8. Mets une règle sur ton bureau en faisant dépasser un bout dans le vide. Ouvre une feuille de journal et étale-la sur la règle. Appuie sur le bout de règle qui dépasse. Que se passe-t-il ?

a) La feuille de journal se soulève et paraît très légère.

b) Il est très difficile de soulever la feuille de journal.

c) La règle se casse.

Peu importe leur taille
et leur forme, animaux,
végétaux et humains sont tous
des êtres vivants. Ils ont
besoin de nourriture pour
se développer. La plupart
se déplacent pour se nourrir,
s'abriter ou se protéger.
Ils peuvent aussi se reproduire
et réagir à ce qui les entoure.
Entre donc dans ton monde,
celui des vivants !

Le monde vivant

Moi, je parle

Le chat miaule
Le lion rugit
La chouette hulule
L'ours gronde
Le criquet stridule
La souris couine
Le mouton bêle
Mais moi,
    je *parle* !

Le singe babille
La vache meugle
Le canard cancane
Le pigeon roucoule
Le cochon grogne
Le cheval hennit
La poule caquette
Mais moi,
    je *parle* !

La mouche bourdonne
Le chien aboie
La chauve-souris crisse
Le loup hurle
La grenouille coasse
Le perroquet cause
L'abeille bourdonne
Mais moi,
    je *parle* !

«Moi, je parle» dans *Je découvre*, Quillet,
    Paris, Le Livre de Paris, 1994, p. 18.

LES PAPILLONS

De toutes les belles choses
Qui nous manquent en hiver,
Qu'aimez-vous mieux ? – Moi, les roses;
— Moi, l'aspect d'un beau pré vert;
— Moi, la moisson blondissante,
Chevelure des sillons;
— Moi, le rossignol qui chante;
— Et moi, les beaux papillons !

Le papillon, fleur sans tige,
Qui voltige,
Que l'on cueille en un réseau;
Dans la nature infinie,
Harmonie
Entre la plante et l'oiseau !

Gérard de Nerval, *Petits poèmes pour tous les jours*,
    Paris, Nathan, 2000, p. 20.

CLASSIFICATION DES
ÊTRES VIVANTS

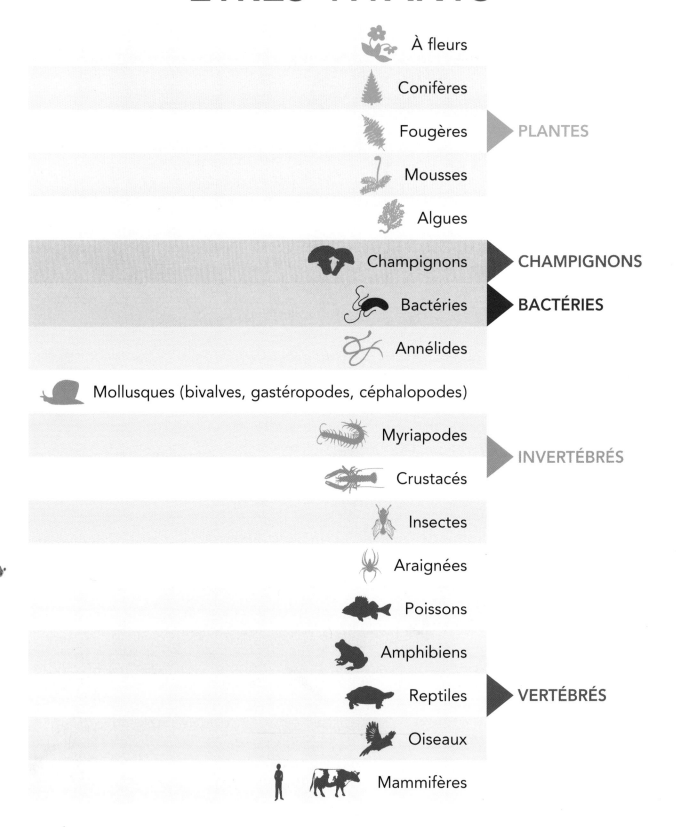

À fleurs

Conifères

Fougères — PLANTES

Mousses

Algues

Champignons — CHAMPIGNONS

Bactéries — BACTÉRIES

Annélides

Mollusques (bivalves, gastéropodes, céphalopodes)

Myriapodes

Crustacés — INVERTÉBRÉS

Insectes

Araignées

Poissons

Amphibiens

Reptiles — VERTÉBRÉS

Oiseaux

Mammifères

CLASSIFICATION DES
PLANTES

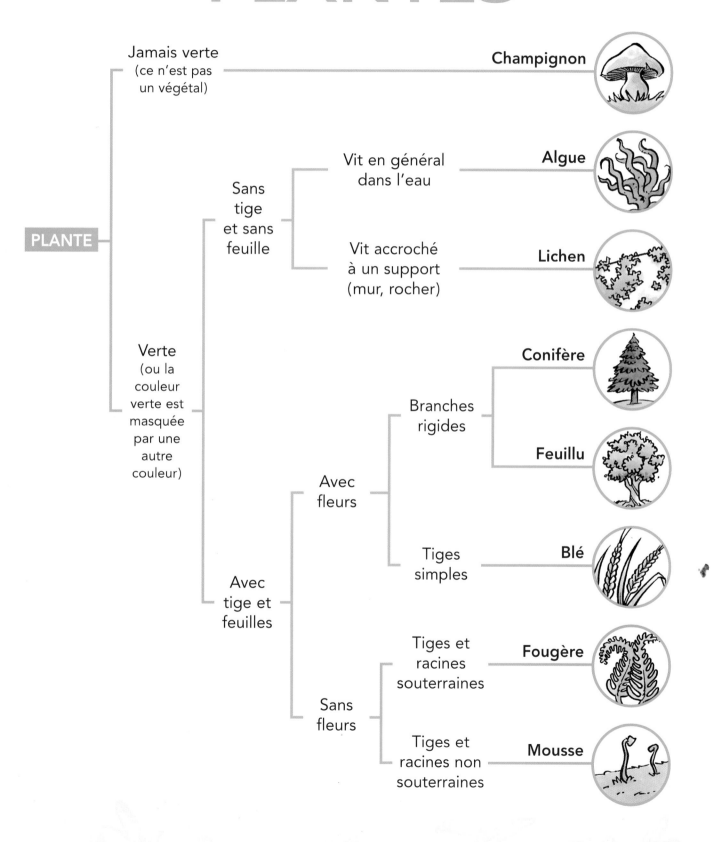

PLANTE

Jamais verte
(ce n'est pas
un végétal) ——————————— **Champignon**

Verte
(ou la
couleur
verte est
masquée
par une
autre
couleur)

Sans
tige
et sans
feuille

Vit en général
dans l'eau ——————— **Algue**

Vit accroché
à un support
(mur, rocher) ——————— **Lichen**

Avec
tige et
feuilles

Avec
fleurs

Branches
rigides

Conifère

Feuillu

Tiges
simples ——————— **Blé**

Sans
fleurs

Tiges et
racines
souterraines ——————— **Fougère**

Tiges et
racines non
souterraines ——————— **Mousse**

CLASSIFICATION DES
ANIMAUX

Ont une colonne vertébrale

Peau

Nue

Couverte
de poils

Couverte
de plumes

Couverte
d'écailles

Écailles
soudées

Écailles
non soudées

mammifère

reptile

amphibien

oiseau

poisson

INVERTÉBRÉS

N'ont pas de colonne vertébrale

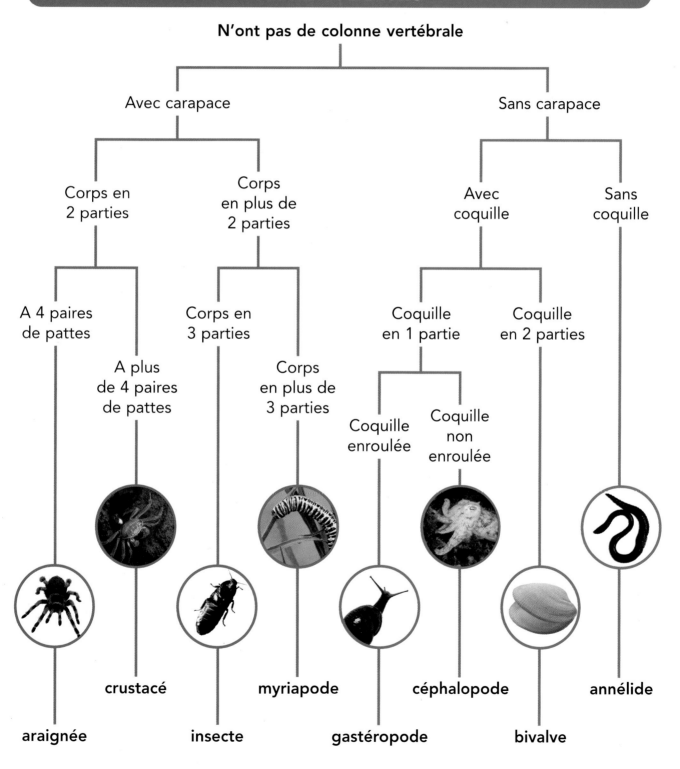

Avec carapace

Sans carapace

Corps en 2 parties

Corps en plus de 2 parties

Avec coquille

Sans coquille

A 4 paires de pattes

A plus de 4 paires de pattes

Corps en 3 parties

Corps en plus de 3 parties

Coquille en 1 partie

Coquille en 2 parties

Coquille enroulée

Coquille non enroulée

crustacé

myriapode

céphalopode

annélide

araignée

insecte

gastéropode

bivalve

Les abris des animaux

Tout comme les humains, les animaux se construisent des abris. Ils les utilisent pour se protéger du froid mais aussi de leurs **prédateurs**. Certains y vivent, d'autres n'y vont que pour donner naissance à leurs petits.

Sous terre

La **taupe** habite en permanence dans sa taupinière. Avec ses pattes avant, qui comptent chacune cinq doigts, elle creuse le sol et repousse la terre sur les côtés. En surface, on n'aperçoit que de petits monticules. Ils ont été formés par la terre qu'elle a rejetée en creusant ses nombreuses galeries. La taupe utilise ses griffes tranchantes pour couper les racines des arbres. Durant la nuit, elle remonte à la surface pour y chercher de l'herbe. Elle tapisse son nid principal avec cette herbe. Elle aménage aussi un garde-manger rempli de vers de terre bien frais. Pour ne pas qu'ils s'échappent, elle les mord à la tête ! Ils restent donc vivants mais sont paralysés.

Près d'un monticule sur le sol, de nombreuses **fourmis** s'activent. Pour bâtir leur fourmilière, elles ont transporté différents matériaux (graines, brindilles, feuilles, etc.) qui pouvaient peser jusqu'à soixante fois leur poids. Dans son abri, la reine pond ses œufs. Les ouvrières, elles, ont chacune un travail précis à effectuer. Certaines doivent trouver de la nourriture. D'autres doivent prendre soin de la reine et entretenir le nid.

Sur terre

Entre deux arbustes, une **araignée** a tendu sa toile. Elle l'a tissée avec des fils de soie, comme une artisane. Ces fils, elle les produit elle-même au moyen de glandes situées à l'arrière de son corps. Elle commence d'abord à disposer les premiers fils en Y, puis elle brode les autres en formant une spirale. Sa toile, c'est un peu son garde-manger. Dès qu'un insecte s'y prend, il reste collé. La toile vibre, ce qui indique à l'araignée que son repas est prêt.

Dans les airs

À travers les branches d'un arbre, un **oiseau** a construit son nid avec des brindilles. Ce nid contient peut-être des œufs. Mais il est probablement vide. C'est que les oiseaux ne vivent pas dans leur nid. Ils le construisent pour couver leurs œufs. Lorsque les oisillons quittent le nid, celui-ci est abandonné.

Suspendu à un arbre ou au toit d'une maison, un nid de **guêpes** abrite une importante colonie. Pour le construire, les guêpes récupèrent des morceaux de bois qu'elles mâchent patiemment. Ce bois, mélangé à leur salive, forme une pâte humide qui se travaille facilement. En séchant, la pâte durcit et ressemble à un carton épais. Durant l'hiver, les reines y hiberneront. À leur réveil, au printemps, chacune s'envolera afin de construire son propre nid. Dans ce nouveau nid, la reine pourra pondre ses œufs et former sa colonie composée d'ouvrières et de jeunes reines.

Dans l'eau

Avec ses quatre dents tranchantes, le **castor** ronge un arbre en dix minutes. L'arbre tombe vers le lac. Le castor le dirige alors à l'endroit voulu et commence à bâtir sa hutte. Il monte les murs en bouc et les recouvre de branchages. Pour se protéger des prédateurs, il construit l'entrée de sa hutte sous l'eau. C'est dans cet abri que la femelle donne naissance à ses petits. Durant l'hiver, les castors y restent au chaud et s'alimentent en grignotant le bois conservé dans leur garde-manger.

Pour construire leurs abris, les animaux emploient les outils dont ils disposent : leurs dents, leurs pattes, leurs glandes. Tout comme les humains, ils utilisent aussi les matériaux de leur environnement.

Sylvie Lucas

87

Les Moyens de défense des animaux et des plantes

On dit souvent que dans la nature, tout est harmonieux. Mais les plantes et les animaux doivent parfois se défendre contre des prédateurs. Voyons comment ils s'y prennent…

À l'attaque !

De nombreux animaux ne craignent pas d'affronter leurs adversaires puisqu'ils sont rudement bien protégés ! Becs, dents, cornes, griffes, crocs, pinces et piquants sont pour eux des armes redoutables !

> Je suis le plus fort, le plus gros, le plus grand !

Certains animaux sont de taille imposante. Ils inspirent donc le respect ! Il faut du courage pour s'attaquer à un éléphant ! Surtout qu'en plus d'être gros, il a la peau épaisse et de longues défenses. Le rhinocéros a lui aussi la couenne dure et une solide corne. Quant à l'**ours** et au bison, leur lourd physique fait tellement peur que peu de prédateurs osent les affronter.

Sauve qui peut !

Certains animaux sont de véritables athlètes ! Au moindre bruit, ils prennent la poudre d'escampette. Parce qu'ils courent vite, ils réussissent à échapper à leurs ennemis, trop lents ou trop épuisés pour poursuivre la course. C'est le cas du lapin, du kangourou et de l'autruche.

En cas de danger,
l'éléphanteau se «cache»
sous le ventre de sa mère.

L'union fait la force !

Pour se défendre contre leurs prédateurs, certains animaux vivent en groupe. C'est le cas des **gazelles**, des zèbres, de plusieurs espèces d'oiseaux et de papillons. Dès qu'il y a un ennemi en vue, le groupe prend la fuite. L'ennemi, lui, ne sait alors plus à quel animal du groupe s'attaquer !

M'as-tu vu ?

Il y a de ces animaux qui maîtrisent parfaitement l'art du camouflage ! Les grenouilles seraient les championnes. La couleur de leur robe imite à merveille la vase, l'herbe ou les feuilles mortes. Le butor d'Amérique, lui, a mis au point une stratégie très efficace ! Lorsqu'un ennemi le menace, il reste immobile au milieu des roseaux. Puis, il balance son long cou… comme s'il était un roseau bercé par le vent. Génial, non ? Les **phasmes**, ces longs insectes à fines pattes, ressemblent à s'y méprendre à une branche d'arbre.

Des armes chimiques !

Les cobras, les vipères, les serpents à sonnette et les **scorpions** ont tous adopté le même moyen de défense. Ils injectent à leurs ennemis un venin, bien souvent mortel. D'autres animaux ne sont pas aussi dangereux mais ils éjectent un produit qui éloigne l'ennemi. La pieuvre, par exemple, projette dans l'eau un épais liquide noir. Elle peut donc disparaître dans un nuage d'encre. La **mouffette**, elle, n'hésite pas à lever la queue et à asperger ses ennemis d'un liquide qui sent vraiment mauvais !

Vite ! À la maison !

Certains animaux sont trop petits pour faire peur
à leurs adversaires. Ils sont aussi trop lents pour
s'enfuir et semer leurs prédateurs. Ils ne portent
ni arme ni tenue de camouflage. Comment
se protègent-ils alors ? Eh bien,
ils se réfugient dans leur maison,
tout simplement ! C'est ce que font
la tortue et l'**escargot**.

**Bouh !
Je suis méchant !**

D'autres animaux tentent d'éloigner
leurs ennemis en les effrayant.
Le chien aboie. Le **chat** bombe
le dos et crache. L'âne crie
très fort.

Et les plantes, elles ?

Les plantes ne peuvent ni crier ni s'enfuir. Elles semblent
donc bien démunies pour se défendre. Mais attention !
elles possèdent leurs propres armes ! La rose, si jolie, a plein
d'épines sur sa longue tige. Le **cactus** s'entoure lui aussi
d'épines. Quant au chardon, il a des piquants au bout des
feuilles. Les orties, elles, sont couvertes de petits poils fins qui
contiennent un liquide. Au toucher, ce liquide pique la peau.

Eh oui, pour survivre, les plantes et les animaux ont dû
se trouver des moyens de défense. Mais toi, que fais-tu
lorsque tu as peur ?

Sylvie Lucas

Des naissances variées

Savais-tu qu'il existe différentes façons de venir au monde chez les animaux ?

Les petits qui sortent de l'œuf : les ovipares

Chez les ovipares, la femelle pond les œufs. C'est dans ces œufs que les petits se développent. Les insectes, les poissons, les grenouilles et les serpents sont des ovipares. La plupart de ces animaux pondent un grand nombre d'œufs. Après la ponte, la femelle abandonne ses œufs dans l'eau, sur une plante ou dans le sol. Sans la surveillance des parents, beaucoup d'œufs disparaissent et bien des petits meurent. Mais les œufs sont si nombreux que plusieurs autres petits réussissent à naître et à vivre assez longtemps pour se reproduire à leur tour.

Les oiseaux aussi pondent des œufs. Ces œufs sont en moins grand nombre, mais les parents en prennent soin. Ils les pondent dans un nid, les couvent et les protègent jusqu'à l'**éclosion**. Puis ils nourrissent les oisillons et leur apprennent à voler et à se nourrir.

La morue pond des millions d'œufs. La plupart des petits seront mangés avant de devenir adultes. Quelques-uns survivront.

Ces oisillons restent au nid et sont nourris par leurs parents pendant quelques semaines.

Les petits qui sortent du ventre de leur mère : les vivipares

Les vivipares sont différents : l'œuf se développe lentement dans le corps de la mère. C'est la période de gestation. Les vivipares mettent au monde des petits complètement formés. Les chiens, les chats, les ours, les baleines et bien d'autres animaux sont des vivipares. On les appelle aussi des **mammifères**, c'est-à-dire des animaux qui nourrissent leurs petits avec le lait de leurs mamelles.

Le jeune zèbre reste environ un an dans le ventre de sa mère. À sa naissance, il peut déjà se tenir sur ses pattes.

Les oursons vivent avec leur mère pendant deux ans. Elle les quitte ensuite pour toujours.

À la naissance des petits, la mère les nettoie, les réchauffe et les allaite. Ensuite, elle leur enseigne à survivre. Plus les petits ont de choses à apprendre, plus ils restent longtemps avec leur mère.

Dans le monde animal, ce sont les petits des humains qui vivent le plus longtemps avec leurs parents. En effet, ce sont eux qui ont le plus de choses à apprendre. Pour pouvoir un jour se débrouiller seuls, ils doivent savoir marcher, manger, parler... et même lire !

Eh oui ! tu as bien compris, l'être humain est lui aussi un mammifère ! Mais rassure-toi, c'est le plus évolué de tous !

Louise Sylvestre, «Des petits... encore des petits», *Mémo 3, Manuel C*, Boucherville, Graficor, 1995, p. 88-90.

La durée du développement n'est pas la même pour tous les animaux

Mammifères	Durée de gestation en jours	Nombre de petits par portée	Nombre de portées par an	Durée de vie en années
brebis	150	1 ou 2	1	de 10 à 14
chatte	60	de 3 à 6	2	de 10 à 20
chienne	65	de 2 à 15	2	de 15 à 20
hamster	20	de 4 à 12	2 ou 3	de 1 à 2
jument	335	1 ou 2	1	de 30 à 60
lapine	30	de 4 à 15	de 5 à 7	de 5 à 10
vache	280	1 ou 2	1	de 20 à 25

Autres	Durée entre la ponte et l'éclosion en jours	Nombre d'œufs par couvée	Nombre de couvées par an	Durée de vie en années
canard	28	de 6 à 12	1	20
épinoche (poisson)	de 5 à 25	de 300 à 1000	1	de 2 à 3
grenouille verte	de 5 à 7	10 000	1	de 5 à 6
mésange	14	de 5 à 10	2	10
tortue	de 80 à 90	de 4 à 12	1	de 60 à 100

Les veaux naissent après avoir grandi neuf mois dans le ventre de leur mère. Comme tous les petits vivipares, leur premier aliment est le lait de leur maman.

LA SCIENCE AU SERVICE DE LA NATURE

DE BONS CHOIX

Pour se nourrir, nos ancêtres **préhistoriques** cueillaient des plantes sauvages et chassaient des animaux. Il y a environ 10 000 ans, certains humains ont commencé à cultiver le blé. Ils conservaient les meilleures graines pour les planter l'année suivante. En choisissant les graines des plantes dont les épis avaient plus de grains, les humains ont obtenu de meilleures récoltes.

LES PLANTES, D'HIER À AUJOURD'HUI

Nos plantes cultivées ont d'abord été des espèces sauvages. La carotte sauvage produisait des petites racines dures qui dégageaient une forte odeur de carotte. Les épis de maïs étaient minuscules et ne fournissaient presque pas de grains. Les tomates étaient à peine plus grosses que des raisins. Comme pour le blé, la sélection de meilleures plantes nous a permis d'obtenir des carottes, du maïs et des tomates qui sont bien plus gros que leurs ancêtres.

LES ANIMAUX, D'HIER À AUJOURD'HUI

Au cours des âges, les humains ont domestiqué les animaux sauvages. Ils ont favorisé la reproduction des bêtes qui produisaient le plus de lait ou qui fournissaient le plus de viande. Ils ont pu créer de nombreuses races d'animaux domestiques. Par exemple, le bœuf vient de l'aurochs tandis que le cochon descend du sanglier.

La récolte de foin, Sussex, Nouveau-Brunswick, ca. 1880, William George Richardson Hind.

LA SCIENCE AU SERVICE DE L'AGRICULTURE

Maintenant, grâce à la recherche scientifique, nous créons de nouvelles variétés de plantes et d'animaux beaucoup plus rapidement. Elles répondent encore mieux à nos besoins. Pour nourrir toute la planète, il faut de plus en plus de nourriture, car la population augmente continuellement. Nous produisons des variétés de plantes qui donnent des récoltes abondantes,
qui poussent rapidement et qui sont résistantes au froid, aux insectes ou à la sécheresse. Nous élevons des animaux productifs. Nos vaches fournissent plus de lait qu'avant, les poulets grossissent plus rapidement et les poules pondent plus d'œufs.

QUE NOUS RÉSERVE LE FUTUR ?

La science nous a permis de faire des progrès extraordinaires en agriculture. Grâce aux nouvelles technologies, nous pourrons sûrement faire d'autres découvertes. Déjà, nous modifions les plantes et les animaux dans les laboratoires. Ces nouvelles variétés permettent de produire encore plus de nourriture et d'employer moins de produits chimiques. Mais, certaines personnes sont inquiètes et craignent des effets imprévus sur la nature. Notre environnement pourrait-il être menacé par tous ces changements ?

Michelle Durand

JARDINAGE SANS TERRE

Certains fruits et légumes, comme la laitue, les tomates ou les fraises, sont maintenant cultivés sans terre. On les arrose avec de l'eau qui contient tous les minéraux dont la plante a besoin. C'est la culture hydroponique.

95

BIEN ÉQUIPÉS POUR SE DÉPLACER...

■ L'art de se mouvoir

La plupart des êtres vivants se déplacent dans leur environnement pour chercher leur nourriture, fuir leurs ennemis, se cacher, poursuivre une proie, se reproduire ou simplement aller à la découverte d'un endroit où il fera bon vivre. Qu'ils nagent, volent, marchent ou rampent, les animaux sont parfaitement adaptés à leur milieu de vie. Ils ne se déplacent pas de la même façon dans l'eau, dans les airs et sur la terre.

Quand un animal se déplace, il prend appui sur quelque chose de résistant : le sol dans la marche, la course, le saut et la reptation ; l'eau dans la nage et l'air dans le vol. Un même animal peut avoir plusieurs modes de déplacement. Il peut alors explorer plusieurs milieux.

DANS L'EAU

■ Des maîtres nageurs

L'eau est beaucoup plus dense que l'air. Les animaux qui se déplacent dans l'eau sont donc moins rapides que ceux qui se déplacent dans l'air. Mais les maîtres nageurs ont des atouts : leur corps est souvent fuselé de manière à fendre l'eau avec la plus grande efficacité. Dans l'eau, les animaux n'ont pas à vaincre la pesanteur ; ils utilisent leur musculature pour se déplacer. La solide musculature de la queue des poissons explique la rapidité et la force de leurs mouvements. Elle permet aussi des mouvements d'**ondulation** du  corps. Les nageoires leur servent à la fois à se propulser, à se diriger et à s'immobiliser. De plus, la surface du corps des poissons, qui est très glissante, favorise leur progression dans l'eau.

Il existe différentes façons de nager. Mais tout déplacement dans l'eau est provoqué par le mouvement de certains organes qui appuient sur l'eau, par exemple la queue, les nageoires ou la palmure des pattes. Ces organes tiennent alors lieu de «rames».

Les poissons sont les animaux aquatiques les plus performants qui soient. Mais quelques mammifères (baleines), reptiles (crocodiles) et oiseaux (canards) ont, eux aussi, choisi de passer une grande partie de leur vie dans l'eau.

DANS LES AIRS

■ Les maîtres du ciel

Le vol est un moyen rapide de se déplacer. Neuf mille espèces d'oiseaux, 950 espèces de chauves-souris et près d'un million d'espèces d'insectes possèdent cette formidable invention que sont les ailes. Le battement des ailes est toujours assuré par des muscles puissants qui permettent non seulement d'avancer, mais aussi de ne pas tomber. Les os des oiseaux sont très légers, creux et remplis d'air. Pour produire la force qui leur permettra de s'envoler, les oiseaux utilisent la résistance de l'air sur les plumes de leurs ailes.

Qu'elles soient courtes, longues, minces ou larges, qu'elles soient conçues pour les vols rapides des faucons, les vols d'endurance des sternes ou le vol sur place des colibris, qu'elles servent à planer comme chez les mouettes et les vautours ou à effectuer des manœuvres compliquées comme chez les martinets, les ailes sont toutes merveilleusement adaptées aux conditions de vie aérienne de leurs propriétaires.

Monique Daigle

Colibri

Le corps des bons voiliers a une forme aérodynamique. En plein vol, les pattes sont rétractées ou étalées à l'horizontale.

Expressions animales...

Avoir des yeux de lynx, c'est avoir une très bonne vue...
même si le lynx n'a pas une vue si perçante que ça !

Un œil-de-bœuf, c'est une fenêtre ronde ou ovale.

Dire à une personne qu'elle a une cervelle d'oiseau,
c'est un peu comme lui dire qu'elle n'a pas de cervelle du tout !

La linotte est un petit oiseau. Traiter quelqu'un
de tête de linotte, c'est lui dire qu'il a agi sans réfléchir.

Si on te dit que tu as une tête de cochon,
c'est qu'on trouve que tu as mauvais caractère...

Mais si on te dit que tu as une mémoire d'éléphant,
c'est que tu as très bonne mémoire. Tu te rappelles de tout,
particulièrement du mal qu'on te fait... comme l'éléphant.

Avoir une faim de loup, c'est avoir très faim !
Espérons que le dîner est prêt !

Au contraire, avoir un appétit d'oiseau,
c'est avoir peu d'appétit.

Mais avoir une langue de vipère, c'est dire souvent
des choses peu gentilles au sujet des autres...

Verser des larmes de crocodile, c'est pleurer pour émouvoir,
pour faire croire qu'on a de la peine.

Brrr ! Il fait un froid de canard ce matin ! Il faut s'habiller
chaudement. Savais-tu que cette expression vient du fait
que c'est par temps froid qu'on chasse le canard sauvage ?

Si on te dit que tu as une taille de guêpe,
c'est que tu as la taille très fine.

Sylvie Lucas

L'Américaine
Dian Fossey

(1932-1985)

Quand elle était enfant, Dian souhaitait avoir un animal de compagnie. Mais le seul animal que ses parents lui ont permis de posséder, c'est un poisson. Après ses études secondaires, Dian décide de devenir vétérinaire. Malheureusement, elle échoue ses cours en deuxième année et change d'orientation. Elle étudie pour devenir thérapeute. Elle veut aider les gens qui sont malades ou qui souffrent de handicaps à développer les habiletés nécessaires pour bien fonctionner. Dian aime beaucoup son travail, mais s'intéresse toujours aux animaux, particulièrement aux gorilles. En 1963, elle passe sept semaines de vacances en Afrique afin de voir ces animaux. Lorsqu'elle entend un gorille pousser de grands cris en se frappant la poitrine avec ses poings, elle est émerveillée ! C'est décidé : elle se consacrera à l'étude de ces énormes bêtes.

Pendant treize ans, la jeune femme vit auprès des gorilles. Pour les rendre moins nerveux lorsqu'elle les observe… elle les imite. Elle se gratte la tête, fait semblant de manger leur mets favori. Elle apprend même à marcher comme eux. Elle découvre, entre autres, qu'ils peuvent émettre quinze sons différents, chacun ayant sa signification. Durant son séjour, Dian lutte aussi contre les braconniers qui chassent illégalement les gorilles. De retour aux États-Unis, en 1980, elle enseigne à l'université et écrit un ouvrage sur les gorilles. On en fera d'ailleurs un film. Mais l'Afrique lui manque sans doute. Elle y retourne donc en 1983. Malheureusement, elle se fait assassiner dans sa chambre… probablement par des braconniers qui lui en voulaient.

Sylvie Lucas

Des lettres de fantaisie !

Tu sens peut-être naître en toi des talents d'artiste.

Alors, voici une expérience qui te permettra d'écrire tes initiales de façon originale !

Marche à suivre

1. Mouille le papier essuie-tout et étends-le dans l'assiette.

2. Dépose les lentilles sur le papier en traçant tes initiales.

3. Mets l'assiette sur le rebord d'une fenêtre ensoleillée. (Et souhaite qu'il fasse soleil !)

4. Assure-toi régulièrement que le papier est humide. (Arrose-le délicatement !)

Matériel

3 ou 4 épaisseurs de papier essuie-tout

•

une assiette

•

des lentilles

Que remarques-tu ? Eh oui ! il n'y a pas de terre, pourtant les lentilles poussent !

Alors, comment aimes-tu ta nouvelle signature ? Une fois que tu l'auras admirée tu peux la manger, car les germes de lentilles sont comestibles.

Sylvie Lucas

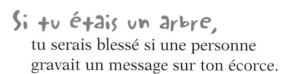

PARCE QUE TU RESPECTES L'ENVIRONNEMENT...

Imagine que tu es un animal ou bien une plante. Tu pourrais découvrir comment il est important de respecter l'environnement...

Si tu étais une hirondelle,
tu aimerais bien qu'on t'installe des **nichoirs** pour y pondre tes œufs.

Si tu étais une grenouille,
une couleuvre ou un insecte, tu préférerais la liberté plutôt que d'être oublié en **captivité**.

L'Américaine Elizabeth May

(1954-)

Elizabeth May est née aux États-Unis mais elle habite au Canada depuis 1972. En 1983, elle obtient son diplôme en droit. Elle réalise ainsi le rêve qu'elle caressait depuis l'âge de treize ans: devenir avocate spécialisée en environnement. Elle lutte alors contre les compagnies de pâte à papier qui font la vaporisation de produits chimiques. Elle participe à la création de parcs nationaux et à la création de diverses mesures contre la pollution. Elle écrit quatre livres et reçoit de nombreux prix pour son travail en protection de l'environnement.

Sylvie Lucas

Si tu étais un arbre,
tu serais blessé si une personne gravait un message sur ton écorce.

Si tu étais une plante,
tu aurais peur qu'on arrache tes fleurs, car c'est grâce à elles que tu peux te reproduire.

Si tu étais un raton laveur,
un écureuil ou une autre bête sauvage, tu préférerais qu'on ne te dérange pas et qu'on t'observe à l'aide de jumelles.

Si tu étais une branche,
tu ne voudrais pas être arrachée pour servir de bâton de marche.

Si tu étais un milieu naturel,
tu voudrais qu'on marche dans tes sentiers pour te conserver en bon état. Tu n'aimerais surtout pas servir de poubelle après un pique-nique en plein air.

Si tu étais la nature,
tu serais flattée qu'on te photographie au lieu de récolter trop de souvenirs.

Comme tu es un enfant, une enfant,
tu peux suivre ces précieux conseils pour protéger ton environnement.

Michelle Durant

Construction d'un terrarium

Qu'est-ce qui distingue un *aquarium* d'un *terrarium* ? Dans un aquarium, on met de l'eau. Dans un terrarium, on met de la terre ou des plantes en pot.

Tu as le goût de construire un petit coin de vie végétale ? Voici une façon de faire ton jardin sous verre. Si tu y ajoutes de l'eau, des insectes ou de petits animaux, il se transformera en vivarium.

Matériel

un aquarium

•

une cuiller pour verser délicatement les matériaux sans toucher aux parois intérieures du récipient

•

du gravier (ou du sable) pour couvrir environ 2,5 cm du fond du récipient

•

des morceaux de charbon de bois pour  **horticulture**

•

du terreau

•

des plantes

•

des morceaux d'écorce, des cailloux, des brindilles ou des lichens

•

une pellicule plastique

Construction

1 Nettoie bien l'aquarium et assèche-le.

2 Couvre le fond du récipient de 2,5 cm de gravier afin d'éviter l'accumulation d'eau. Recouvre ensuite le gravier de 1,5 cm de morceaux de charbon. Cela éliminera les odeurs de moisissure.

3 Ajoute ton terreau. Il permettra aux racines de prendre forme. Attention ! la couche de terreau devra occuper au plus un tiers de ton récipient. Crée ensuite un paysage de ton choix (un sentier, un rocher).

4 Choisis des plantes de petite taille qui croissent lentement. Au besoin, demande conseil à un ou à une pépiniériste. Prévois deux ou trois paliers pour placer les plantes.

Afin de favoriser leur croissance, assure-toi de laisser suffisamment d'espace entre elles et ne surcharge pas ton terrarium.

5 Mets de la mousse, des brindilles, du sable, des cailloux ou d'autres éléments de ton choix pour ajouter une touche décorative.

6 Arrose lentement le sol jusqu'à ce qu'il soit humide sans être détrempé. Si ton récipient n'est pas muni d'un couvercle, couvre l'ouverture d'une pellicule plastique.

Ton terrarium est terminé ! Place-le près d'une fenêtre, mais pas directement au soleil.

Si tu décides d'ajouter un poisson rouge dans un petit bassin d'eau ou d'inviter une grenouille à vivre dans ton terrarium, n'oublie surtout pas de les nourrir !

TRUCS ET ASTUCES POUR L'ENTRETIEN DE TON TERRARIUM

Le terrarium est un milieu fermé et le degré d'humidité y est élevé. Il devrait donc toujours y avoir des gouttelettes d'eau sur les parois ou la pellicule plastique. Si ce n'est pas le cas, vaporise un peu d'eau. S'il semble y avoir trop d'eau dans ton terrarium, soulève la pellicule plastique pendant quelques heures.

Taille les plantes au besoin et retire les feuilles mortes.

De temps en temps, remue le dessus du terreau.

Linda Tremblay

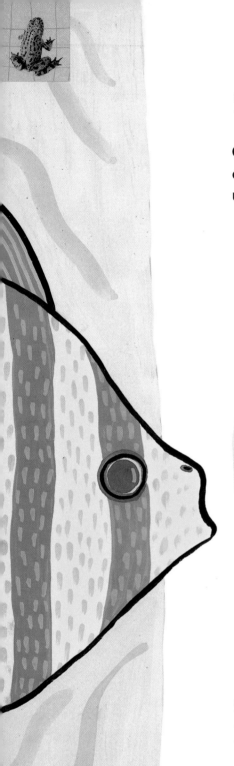

CONSTRUIS UN AQUARIUM

Qui n'a pas déjà admiré des poissons au travers d'une vitre en rêvant d'avoir un jour son propre aquarium ? Voici une démarche qui peut transformer ton rêve en réalité.

Matériel

- un aquarium rectangulaire
- du gravier ou du sable rincé
- du papier d'aluminium
- quelques plantes aquatiques
- un thermomètre
- des éléments de décoration (morceau de liège, branche morte, cailloux, éléments de décor en résine imitant racines et pierres, décors de fond, grottes en céramique)
- un couvercle
- quelques poissons (2 ou 3 pour commencer) (platys, guppys, porte-épées, mollys, barbus)
- de la nourriture sèche pour poissons

Construction

1. Détermine l'emplacement de ton aquarium, car tout déplacement est difficile une fois le bac rempli d'eau. Ton aquarium doit être dans un endroit frais, éclairé, mais non exposé directement aux rayons du soleil.

2. Rince à l'eau courante le gravier ou le sable, l'aquarium, les éléments de décoration et la partie du thermomètre qui sera dans l'eau. Attention ! n'utilise pas de savon.

> Savais-tu que les plantes jouent un rôle important dans un aquarium ? Elles assimilent les déchets organiques. Elles absorbent le gaz carbonique que rejettent les poissons. L'oxygène qu'elles produisent est profitable. Elles fournissent aussi un excellent refuge à certains poissons.

3. Dépose 5 cm de gravier ou de sable horticole au fond de l'aquarium. Place un papier d'aluminium sur la couche de fond et ajoute lentement de l'eau jusqu'à 10 cm du bord. Enlève le papier.

4. Attends que l'eau soit claire et que la température monte à 24 ou 25 °C . Dispose alors les éléments de décoration et tes plantes (myriophyllum, riccia, sagittaria). Place les plantes hautes à l'arrière et les plus basses en avant-plan, en laissant un grand espace au centre pour les poissons. Ajoute de l'eau jusqu'à 2 cm du bord.

5. Mets le couvercle et assure-toi que tes plantes reçoivent 16 heures d'éclairage par jour.

6. Laisse reposer l'eau de l'aquarium de 1 à 2 semaines avant d'y introduire les poissons. Dépose dans l'aquarium le sac qui contient les poissons; attends environ 20 minutes, puis ouvre le sac, sans le vider.

7. Nourris tes poissons une fois par jour, en petite quantité et à des heures régulières. Ne leur donne que ce qu'ils peuvent manger en moins de cinq minutes, sinon ils mangeront trop et seront malades. De plus, la nourriture qui se dépose au fond de l'aquarium est une source de pollution.

L'expérience t'a plu? Tu souhaites faire l'achat d'un plus gros aquarium ou augmenter la variété de poissons et de plantes? Si tel est le cas, les possibilités qui s'offrent à toi sont nombreuses et tu devras faire des choix! Rends-toi dans une animalerie pour demander conseil quant à l'équipement, aux poissons, aux plantes et aux produits à utiliser.

Trucs **et astuces pour l'**entretien **de ton** aquarium

☐ Enlève à l'aide d'une raclette les algues vertes sur la vitre avant et celles de côté. Enlève aussi les feuilles, les branches mortes et les poissons morts.

☐ Vérifie chaque jour la température de l'eau.

☐ Remplace de temps à autre un tiers de l'eau et enlève les déchets.

Linda Tremblay

Tous les jours, nous utilisons des machines. Certaines sont grosses et compliquées. Mais d'autres sont très simples; tellement simples qu'elles n'ont pas l'air de machines! En fait, une machine simple c'est un mécanisme que les humains ont mis au point pour augmenter leur force musculaire. Malgré leur simplicité, les machines simples sont utilisées depuis des milliers d'années. Elles ont permis la réalisation de grandes constructions. Mais elles se trouvent aussi dans les objets que tu utilises quotidiennement.

Les machines

LES PYRAMIDES

Posées comme des chapeaux pointus
sur le sable du désert,
les pyramides trapues,
murées sur leurs mystères,
regardent passer le temps
depuis plus de quatre mille ans.

Corinne Albaut, «Les pyramides», dans *101 poésies
et comptines tout autour du monde*, Paris,
Bayard Éditions Jeunesse, 1998, p. 168.

LE VÉLO-VÉLO

je suis tout à fait vélo
un vélo-vélo
ni moche ni trop beau
mais je suis un bon vélo

je traverse les cités
sans vélocité
je flânoche dans les bois
sans être aux abois
je roule par prés et par champs
en trottant-marchant
en montagne il faut peiner
lacets descentes et montées
je m'arrête près d'un ruisseau
et je rêve au bord de l'eau
je trotte par soleil et pluie
le jour et parfois la nuit

y'a pas de quoi se vanter
je suis tout à fait vélo
ni moche ni trop beau
mais je suis un bon vélo
un vélo-vélo

Andrée Clair, «Le vélo-vélo», *Les vélodingues*,
Paris, Messidor/La Farandole, 1982.

LA ROUE... EN QUESTIONS

1 **Tout d'abord, QU'EST-CE qu'une roue ?**

Une roue, c'est une machine simple. Toutes les roues ont la forme d'un cercle. Elles tournent autour d'un **axe** et servent à transmettre un mouvement. Grâce à elles, le déplacement d'objets lourds devient facile.

2 **QUi a inventé la roue ?**

On l'ignore ! Certains archéologues ont longtemps cru qu'elle avait été inventée par les hommes des cavernes pour déplacer de gros objets. D'autres pensent qu'elle a plutôt été conçue par un potier, qui l'utilisait comme tour pour fabriquer ses vases d'argile. Comment un tour à potier est-il devenu une roue ? Mystère !

3 **Où et Quand a-t-elle été inventée ?**

Il semblerait qu'elle ait été inventée en Mésopotamie, il y a environ 6000 ans. On y a trouvé de petits chariots lors de **fouilles archéologiques**. Aussi, on aperçoit des chariots sur des dessins faits par les habitants de cette ancienne région. C'est donc une des plus vieilles inventions au monde !

Mésopotamie

Un engrenage est constitué de plusieurs roues dentées. Ces roues sont de grosseurs différentes et elles sont unies entre elles par le centre. On trouve des engrenages dans les vélos et dans différents types de machines.

4 **COMMEnT déplaçait-on les objets avant l'invention de la roue ?**

On les poussait. On les tirait. On les glissait sur le sol en utilisant des traîneaux et des troncs d'arbres.

5. COMMEnT étaient faites les premières roues ?

Elles pesaient lourd, car elles étaient faites entièrement en bois. Heureusement, quelqu'un a pensé à enlever du bois au centre de la roue. C'est ainsi qu'est née la roue à rayons. Comme les roues s'usaient vite au contact du sol, on les a munies de clous. Au Moyen Âge, on a remplacé les clous par un cercle de fer entourant la roue. Ce n'est qu'en 1888 qu'a été inventé le pneu. C'est un vétérinaire écossais, John Boyd Dunlop, qui a pensé à gonfler un tube de caoutchouc avec de l'air.

6. POUPQuOI la roue est-elle une invention si importante ?

Parce qu'elle a révolutionné le monde ! Presque tous les véhicules de transport sont mus par des roues. Les bicyclettes et les automobiles; les trains et les métros, les avions et même certains bateaux ! Et que dire des camions et autres véhicules lourds ! Leurs grosses roues à larges rainures permettent de rouler sur les terrains boueux sans s'enfoncer. Leurs nombreux pneus aident à transporter sans difficulté de lourdes charges puisque le poids est réparti entre les roues.

7. La roue a-t-elle beaucoup d'aᵤTᐰᕮs USAgES ?

Depuis son invention, de nombreux objets fonctionnent à l'aide de roues: planche à roulettes, patins à roues alignées, fauteuil roulant, montre, magnétophone, lecteur de disque compact, malaxeur, manège des parcs d'attraction, etc.

Sylvie Lucas

À BICYCLETTE !

Les objets de notre quotidien
cachent souvent une longue histoire.
Celle du vélo a commencé il y a plus de 100 ans !

LES PREMIERS PAS...

Un jeune homme se passionne pour la **mécanique**. Il a une idée en tête: construire un véhicule que l'on peut faire avancer avec ses pieds ! Cet inventeur déterminé, c'est le baron Karl Drais von Sauerbronn.

Le 12 juillet 1817, il enfourche son véhicule de bois à deux roues appelé «**drais**ienne» et s'élance sur la route. Ses concitoyens allemands trouvent l'invention inutile et ridicule. Ils ne se gênent d'ailleurs pas pour rire aux éclats. «Encore une folie du baron !» se disent-ils. L'homme est un original, mais il est aussi entêté. Alors, il présentera sa draisienne aux Français !

En apercevant le véhicule, les Parisiens... éclatent de rire eux aussi. Tant pis ! Drais ne se laisse pas décourager. En décembre 1818, il se rend à Londres. Les Anglais... sont séduits ! Après plus de trois ans de dur travail, Drais réussit enfin à faire accepter son invention !

UNE INVENTION EN ATTIRE UNE AUTRE !

Une invention, ça s'améliore ! On remplace d'abord la poutre de bois par un cadre métallique. Puis en 1861, le Français Pierre Michaux et son fils Ernest ont une idée géniale ! Ils installent une manivelle et des pédales sur la roue avant. Plus besoin de faire avancer le véhicule avec ses pieds ! Le vélocipède est né !

En 1869, l'horloger Guilmet place le pédalier entre les deux roues. Avec une chaîne, il relie ce pédalier à la roue arrière. Ce véhicule est l'ancêtre direct de nos bicyclettes modernes.

C'est bien de rouler, mais il faut quand même savoir s'arrêter ! John Kamp Starley invente donc les freins à mâchoires, que nous avons encore sur nos vélos aujourd'hui. Des tiges métalliques relient ces mâchoires aux poignées placées sur le guidon.

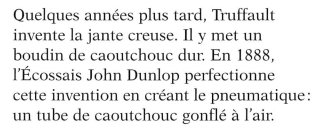

Quelques années plus tard, Truffault invente la jante creuse. Il y met un boudin de caoutchouc dur. En 1888, l'Écossais John Dunlop perfectionne cette invention en créant le pneumatique : un tube de caoutchouc gonflé à l'air.

Les frères Michelin ont alors une idée qui fera du chemin ! En 1891, ils attachent le pneumatique à la jante avec des boulons. Le pneu se remplace en 15 minutes. C'est pratique lors d'une crevaison !

En 1889, apparaît le dérailleur grâce auquel s'effectue le changement de vitesses.

DE MIEUX EN MIEUX !

Au fil des ans, le vélo a pris diverses formes. Il est vélo de course, de tourisme, tout-terrain, pliant ou tandem.

Mais des inventeurs et des passionnés de cyclisme travaillent encore à l'améliorer. Les vélos du futur seront peut-être munis d'un système antivol avec carte à puce, d'un ordinateur, de freins électriques !

Le baron Drais serait sûrement surpris de voir tous les ajouts faits à son véhicule !

Comment fonctionnent les «vitesses» sur un vélo ?

Quand la chaîne est sur le petit pignon arrière, tu dois fournir plus d'effort pour pédaler. Mais tu parcours alors une plus grande distance.

Quand tu montes une pente, la chaîne doit être sur le plus grand pignon arrière. L'effort à fournir est alors moins grand ; tu pédales donc plus facilement. Mais pour un même nombre de coups de pédales, la roue tourne plus lentement.

Sylvie Lucas

ARCHIMÈDE,
cerveau des sciences et de la mathématique

QUI EST ARCHIMÈDE ?

On sait qu'il est né en Grèce aux environs de l'an 287 avant Jésus-Christ et qu'il est mort en l'an 212 avant Jésus-Christ. Mathématicien et ingénieur au service du roi Hiéron, Archimède est l'un des plus grands scientifiques de tous les temps.

De son vivant, Archimède était très célèbre à cause des nombreuses machines ingénieuses qu'il avait conçues.

ARCHIMÈDE ET SON TEMPS

Archimède était très en avance sur son temps. Les mathématiciens de la Grèce antique étaient brillants en géométrie. Ils appelaient d'ailleurs la mathématique la «reine des sciences». Mais à cette époque, les phénomènes naturels étaient souvent expliqués par des croyances religieuses. Archimède s'opposait aux idées de son époque. Il utilisait ses connaissances en mathématique et en sciences pour mieux expliquer le monde qui l'entourait. Il avait vraiment l'esprit scientifique. Il n'hésitait pas à construire des machines pour mettre en pratique ses idées et vérifier ses hypothèses.

LES DÉCOUVERTES D'ARCHIMÈDE

On dit d'Archimède qu'il a posé les bases du calcul mathématique. Ses travaux scientifiques sont considérables, tant en mathématique qu'en physique et en **mécanique**. On lui doit plusieurs découvertes et inventions. En voici quelques-unes.

En mathématique

- Il a créé un système de numération pour exprimer les très grands nombres.

- Il a trouvé la formule pour calculer le périmètre d'un cercle.

- Il a trouvé la formule pour calculer l'aire d'une figure géométrique et le volume d'un solide.

En astronomie

- Archimède a imaginé un planétarium pour représenter le mouvement des astres.

En mécanique

- Il a inventé la vis, une machine qui permettait de ramener de l'eau souterraine à la surface.

- Il a imaginé et créé des machines de guerre pour repousser les invasions ennemies. C'est même lui qui, pour défendre sa ville, a eu l'idée des meurtrières. Il a alors fait tailler dans la muraille des trous de la largeur de la main, pour permettre aux archers de tirer leurs flèches tout en restant protégés.

LE PRINCIPE D'ARCHIMÈDE: L'EXPLICATION DE LA FLOTTAISON

Selon la légende, le roi Hiéron demanda à Archimède de vérifier si sa couronne était bien en or pur. C'est en prenant son bain qu'Archimède aurait fait sa grande découverte. Il plongea la couronne dans l'eau et en nota l'augmentation du niveau. Il recommença l'expérience avec un morceau d'or pur de même poids et vit que le niveau d'eau montait moins. La couronne contenait donc un autre métal moins dense que l'or. Tout excité de sa trouvaille, Archimède cria « *Eureka* » et sortit du bain, en oubliant de s'habiller. Il aurait traversé toute la ville, nu, pour faire part de sa découverte au roi !

EUREKA !
J'AI TROUVÉ !

En physique

- Le principe du levier était déjà en usage, mais Archimède en a formulé la loi mathématique. Le premier, il a fabriqué une machine composée de poulies et de leviers, qui permettait à une personne seule de soulever de très grosses charges.

- Il a mis au point une formule mathématique pour expliquer le principe de la flottaison.

Ce sont les découvertes d'Archimède qui ont influencé les connaissances scientifiques d'aujourd'hui !

Monique Daigle

Le levier,
une machine bien utile !

Archimède a dit :

> Donnez-moi un point d'appui
> et je soulèverai la terre.

Mais Archimède n'était pourtant pas un homme fort !
C'était un mathématicien et un ingénieur. Que voulait-il
donc dire par cette phrase ? Comment pouvait-il prétendre
avoir autant de **force** ? Il avait tout simplement expliqué
le principe du levier ! Voici quelques expériences et explications
qui te permettront de comprendre à ton tour comment
fonctionne un levier.

UN LEVIER, QU'EST-CE QUE C'EST ?

Le levier est une machine simple utilisée pour lever des choses
lourdes. Il comporte trois parties.

Un levier est une barre rigide posée sur un **point d'appui**
ou **pivot**. Lorsque tu appuies sur une des extrémités de la barre,
tu fais un effort. On dit que tu utilises une **force** pour soulever
une **charge,** c'est-à-dire la **masse** qui est à l'autre extrémité.
Avec un levier, tu peux soulever plus
facilement de lourdes charges.

DES LEVIERS BIEN PRATIQUES

La balançoire à bascule et la balance

T'est-il déjà arrivé de te balancer sur une balançoire à bascule ? Oui, alors tu as probablement compris comment fonctionne un levier.

Une balance et une balançoire à bascule fonctionnent comme un simple levier. Lorsque deux objets de même masse sont placés à égale distance du point d'appui, ils sont en **équilibre**. Mais que se passe-t-il si les deux côtés ne supportent pas la même charge ?

Comment peux-tu soulever sur une balançoire à bascule deux camarades qui pèsent plus lourd que toi ? Après plusieurs essais, tu as peut-être déjà découvert que tu dois te placer plus loin du point d'appui alors que tes deux camarades doivent s'en approcher. Bref, un poids léger peut soulever un poids lourd si ce dernier se trouve près du point d'appui. C'est Archimède qui a calculé avec précision à quelle distance chacun devrait se placer. Il a fait ces calculs il y a plus de 2000 ans !

Tu peux reproduire cette expérience en fabriquant un levier miniature. Comme charge, utilise des masses standards ou des rondelles de métal.

Ta compréhension du levier te sera bien utile si tu construis un mobile, car tu sauras plus facilement trouver le point d'équilibre de deux masses sur chaque baguette.

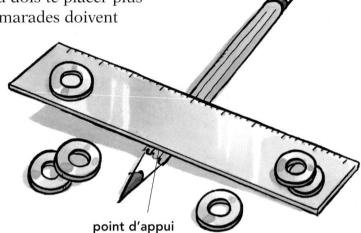

point d'appui

TROIS GENRES DE LEVIERS

Il existe un très grand nombre de leviers que nous pouvons classer en trois genres. C'est la position du point d'appui qui détermine le genre de levier.

Les leviers du premier genre

La balance et la balançoire à bascule sont des leviers du premier genre. Le pied-de-biche des menuisiers, le tournevis que ta mère utilise pour ouvrir un contenant de peinture et l'ouvre-boîte sont aussi des leviers du premier genre.

Avec ces leviers, **le point d'appui est situé entre la charge et la force.**

force

charge

point d'appui

Les leviers du deuxième genre

La brouette est aussi un exemple de levier. Nous l'utilisons pour augmenter notre force. Ainsi, si tu avais à transporter de la terre, tu pourrais en transporter beaucoup plus avec une brouette qu'avec tes bras.

La brouette est un levier du deuxième genre, car **la charge est située entre le point d'appui et la force**.

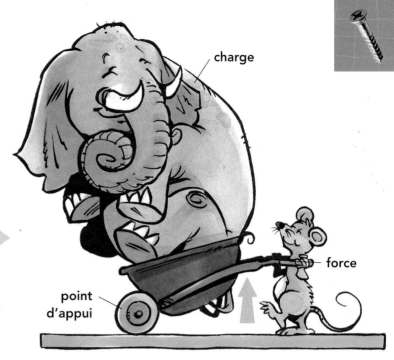

charge

force

point d'appui

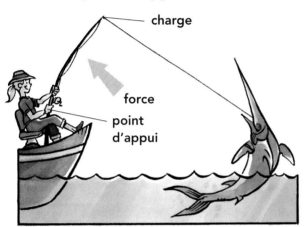

charge

force

point d'appui

Les leviers du troisième genre

Il y a aussi des leviers dont **la force est située entre le point d'appui et la charge**. La canne à pêche est un levier de ce genre.

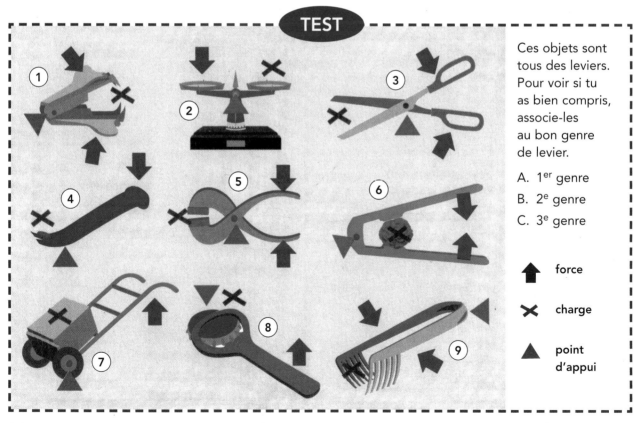

TEST

Ces objets sont tous des leviers. Pour voir si tu as bien compris, associe-les au bon genre de levier.

A. 1er genre
B. 2e genre
C. 3e genre

↑ force

✕ charge

▲ point d'appui

Réponses: p. 149

Quelques gratte-ciel

Chrysler Building

New York, États-Unis

ANNÉE DE CONSTRUCTION :
1930

HAUTEUR : 319 m,
77 étages

- Un amoncellement d'écailles métalliques de plus en plus petites vers la pointe mime un empilement d'enjoliveurs.
- Le premier vrai géant à sortir de terre.
- Il dépasse la tour Eiffel de 7 m.
- En 1930, cet immeuble abritait 10 000 personnes.
- On le dit «majestueux».

Au fil des siècles, l'être humain a mis au point de multiples machines. Par exemple, la poulie, inventée il y a des milliers d'années, a donné naissance à deux machines. D'abord, la grue. Puis au 20e siècle, l'ascenseur. Le défi des hauteurs a donc été relevé depuis longtemps !

Sears Tower

Chicago, États-Unis

ANNÉE DE CONSTRUCTION :
1974

HAUTEUR : 443 m,
110 étages

- Pèse 222 500 tonnes.
- Compte 114 piliers d'acier et de béton plantés profondément dans le sol pour supporter la tour.
- Ses 103 ascenseurs et 18 escaliers roulants sont chargés du transport de 16 700 personnes.

Empire State Building

New York, États-Unis

ANNÉE DE CONSTRUCTION :
1930-1931

HAUTEUR : 381 m, 102 étages (448 m, avec antenne)

- Construit en 17 mois, 6 étages par mois.
- Comprend 67 ascenseurs (aujourd'hui 72, et 25 000 personnes y travaillent)
- Il a été heurté par un bombardier en 1945, au 79e étage : il n'a pas bougé.
- Classé monument historique.

Les Tours Petronas I et II

Kuala Lumpur, Malaisie

ANNÉE DE CONSTRUCTION :
1997

HAUTEUR : 450 m, 88 étages

- Les plus hautes tours du monde.

Monique Daigle

La Grande Muraille de Chine

La Grande Muraille de Chine est une construction militaire exceptionnelle par sa longueur et par le temps qui a été nécessaire pour l'élever. Ce rempart est d'autant plus impressionnant qu'il a été bâti uniquement par des ouvriers équipés de quelques machines simples.

Sa longueur

Telle un long serpent de pierre, la Grande Muraille traverse les plaines, montagnes, ravins et fleuve du nord de la Chine sur des milliers de kilomètres.

En fait, on ne sait pas quelle est sa longueur exacte. Encore récemment, des chercheurs ont découvert les ruines de segments de la Grande Muraille. Sa longueur serait entre 2400 et 6000 km !

Déjà une longueur de 2400 km a de quoi impressionner puisque c'est égal à la distance Montréal–Winnipeg ou Québec–Miami !

La durée de sa construction

La première phase de la construction de la Grande Muraille a commencé environ 200 ans avant Jésus-Christ. Sa construction s'est ensuite poursuivie sur une période de presque 2000 ans. Les sections de la Muraille autour de Pékin (les mieux conservées, car elles sont de pierre) datent de la dynastie des Ming (1368-1644).

On sait que les Chinois utilisaient la brouette au 3e siècle de notre ère. Mais ce n'est qu'au 12e siècle que les Européens ont commencé à l'utiliser pour construire les grandes cathédrales.

La main-d'œuvre

Pour construire la Grande Muraille, l'empereur de l'époque employa toute son armée et tous les prisonniers. Comme la main-d'œuvre était encore insuffisante, il recruta de force les paysans. Les conditions de travail sur le chantier étaient terribles. Beaucoup mouraient, épuisés par le travail, les coups, et le manque de nourriture et d'eau. On dit qu'au fil du temps un million de personnes auraient travaillé à sa construction.

La brouette

La date exacte de l'invention de la brouette est obscure. Cependant, selon des peintures trouvées dans d'anciens tombeaux, il semblerait que la brouette existait déjà aux alentours de l'an 100.

Quelques machines simples

Les seules machines utilisées pour la construction de la Muraille étaient des machines simples tels le levier, le treuil ou les rondins. Mais, au fil des siècles, les Chinois ont inventé un outil qui a grandement facilité leur travail : la brouette.

La brouette combine deux machines simples : le levier et la roue. Le plateau de la brouette est le levier. La roue joue le rôle de point d'appui et permet à la brouette d'avancer facilement tout en servant à maintenir l'**équilibre** et la direction. La brouette a permis le transport des matériaux, comme la pierre extraite des carrières par des esclaves. Grâce à la brouette, une personne seule pouvait transporter une **charge** pour laquelle il aurait fallu deux ou trois porteurs. Cette invention a aussi servi au transport des personnes et des marchandises telles que le riz et les légumes.

Malgré sa longueur impressionnante, la Muraille n'a pas empêché l'entrée d'envahisseurs. Aujourd'hui, cet ouvrage monumental n'est qu'un souvenir du passé. De grandes sections de la Muraille sont visitées chaque année par des milliers de touristes.

Caroline McClish

ATTAQUER ET SE DÉFENDRE AU MOYEN ÂGE

Au Moyen Âge, l'Europe est divisée en de multiples petits royaumes toujours en guerre. Pour protéger son territoire, il fallait avoir une armée solide, un château fort et de lourdes machines de guerre... inspirées des machines simples.

Du côté des assiégés

Le château fort : une forteresse imprenable

Pour qu'il soit plus facile à défendre, le château fort est bâti sur le haut d'une colline qui domine les environs. Le château fort doit être fait solide. Tout est prévu pour qu'une poignée d'hommes puisse repousser l'ennemi qui est armé jusqu'aux dents. L'attaque d'un château pouvait d'ailleurs durer plusieurs mois.

En haut des tours, des balconnets de pierre percés d'ouvertures, les **mâchicoulis**, permettent de surveiller l'ennemi ou de lui jeter des projectiles (huile bouillante, pierres, etc).

La **catapulte** était utilisée pour bombarder le château. Les assaillants lançaient de grosses roches sur la muraille de pierre afin de la faire tomber. En plus, il était courant de projeter de la matière enflammée pour mettre le feu aux structures de bois. Cette machine est formée d'une grosse poutre terminée en forme de cuiller entraînée dans une torsade de cordes tirées en arrière par un câble. Ce dernier, brusquement relâché, libère la poutre qui lance avec force pierres et matières enflammées.

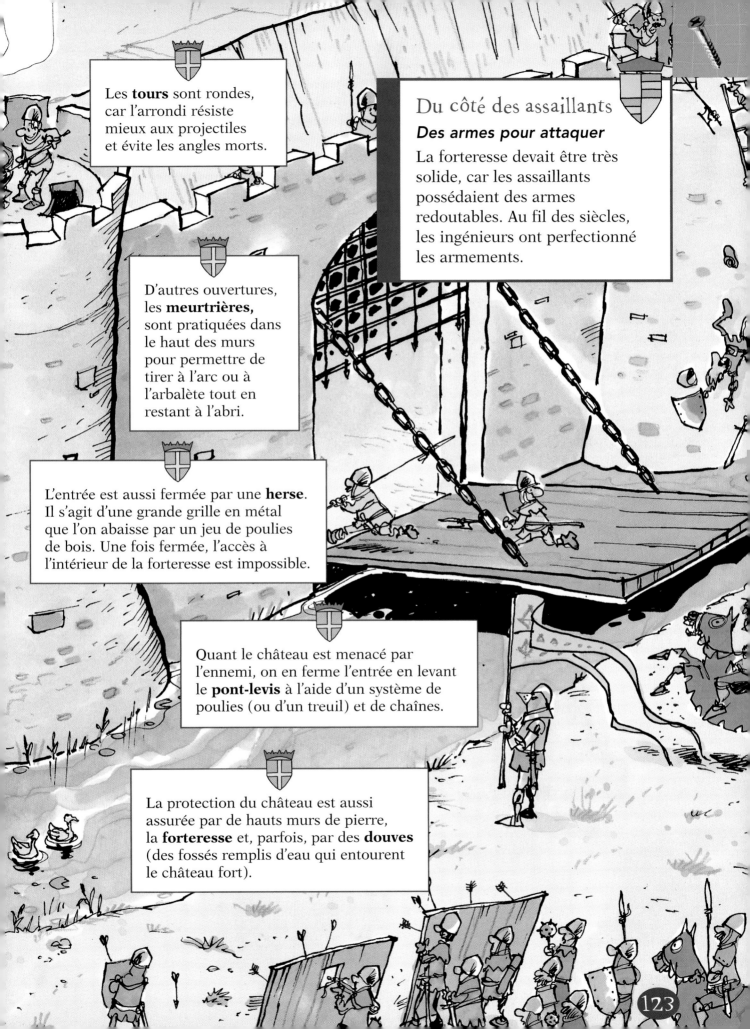

Les **tours** sont rondes, car l'arrondi résiste mieux aux projectiles et évite les angles morts.

Du côté des assaillants

Des armes pour attaquer

La forteresse devait être très solide, car les assaillants possédaient des armes redoutables. Au fil des siècles, les ingénieurs ont perfectionné les armements.

D'autres ouvertures, les **meurtrières,** sont pratiquées dans le haut des murs pour permettre de tirer à l'arc ou à l'arbalète tout en restant à l'abri.

L'entrée est aussi fermée par une **herse**. Il s'agit d'une grande grille en métal que l'on abaisse par un jeu de poulies de bois. Une fois fermée, l'accès à l'intérieur de la forteresse est impossible.

Quant le château est menacé par l'ennemi, on en ferme l'entrée en levant le **pont-levis** à l'aide d'un système de poulies (ou d'un treuil) et de chaînes.

La protection du château est aussi assurée par de hauts murs de pierre, la **forteresse** et, parfois, par des **douves** (des fossés remplis d'eau qui entourent le château fort).

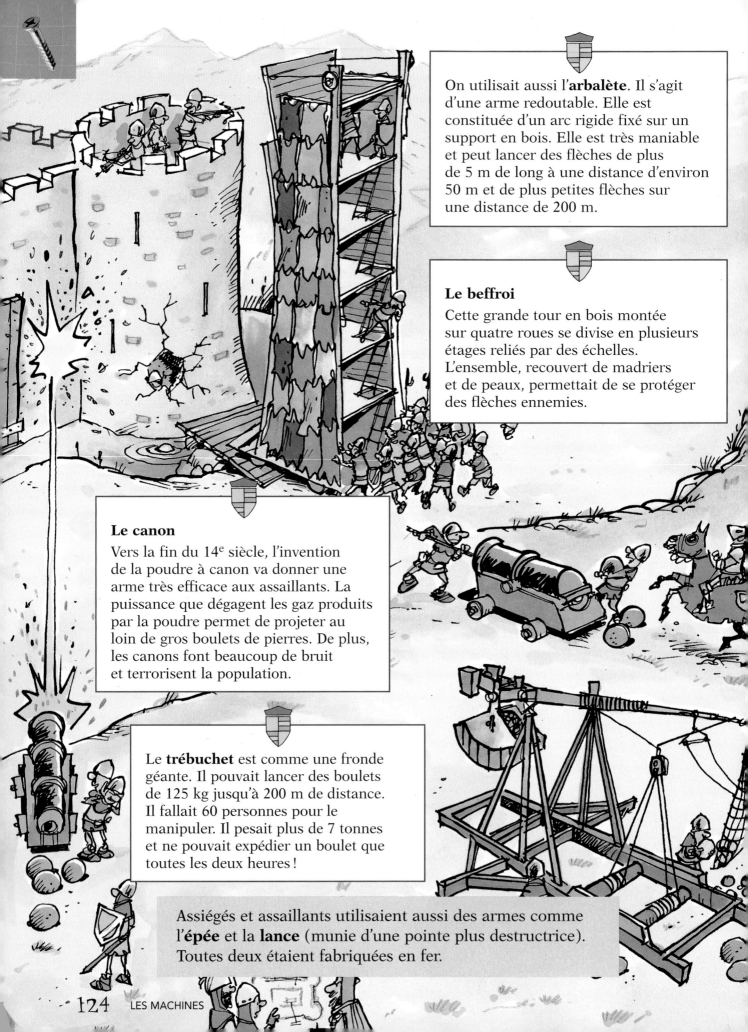

On utilisait aussi l'**arbalète**. Il s'agit d'une arme redoutable. Elle est constituée d'un arc rigide fixé sur un support en bois. Elle est très maniable et peut lancer des flèches de plus de 5 m de long à une distance d'environ 50 m et de plus petites flèches sur une distance de 200 m.

Le beffroi

Cette grande tour en bois montée sur quatre roues se divise en plusieurs étages reliés par des échelles. L'ensemble, recouvert de madriers et de peaux, permettait de se protéger des flèches ennemies.

Le canon

Vers la fin du 14e siècle, l'invention de la poudre à canon va donner une arme très efficace aux assaillants. La puissance que dégagent les gaz produits par la poudre permet de projeter au loin de gros boulets de pierres. De plus, les canons font beaucoup de bruit et terrorisent la population.

Le **trébuchet** est comme une fronde géante. Il pouvait lancer des boulets de 125 kg jusqu'à 200 m de distance. Il fallait 60 personnes pour le manipuler. Il pesait plus de 7 tonnes et ne pouvait expédier un boulet que toutes les deux heures !

Assiégés et assaillants utilisaient aussi des armes comme l'**épée** et la **lance** (munie d'une pointe plus destructrice). Toutes deux étaient fabriquées en fer.

Matériel nécessaire

Un cure-dent

•

Une paille

•

Des ciseaux

•

Un couteau
à découper

•

Du papier collant et de la colle

•

Un carton
(une boîte de céréales)

Fabrique
une catapulte

Observe ce montage
et reproduis-le.

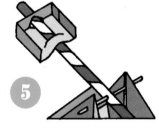

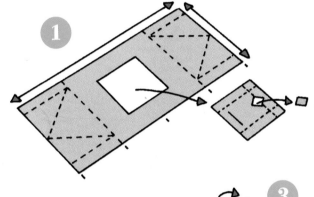

chargeur

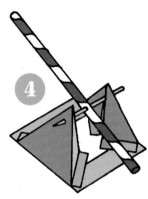

Prépare de petites boulettes de papier.

Fais des essais en rapprochant ou
en éloignant le chargeur du cure-dent.
Tu découvriras ainsi que la catapulte
fonctionne comme un levier.

Où placeras-tu ton chargeur par rapport
au cure-dent si tu veux projeter
tes boulettes au loin ?

La construction d'une balance

balance de Roberval

La balance est
un instrument
de mesure
qui sert à peser
des objets.
Il en existe
plusieurs
modèles.

balance électronique

balance à fléau

Observe la balance à fléau et la balance de Roberval. Elles fonctionnent sur le même principe qu'une balançoire à bascule. Pour savoir combien pèse un objet, tu dois déposer cet objet sur un des plateaux et arriver à un **équilibre** en mettant une **masse** sur l'autre plateau. Comme masse, tu peux utiliser des masses standards ou des masses non conventionnelles (des pièces de monnaie, des rondelles de métal, etc.).

À l'aide de matériel simple, essaie de fabriquer une balance à fléau. Tu pourras l'utiliser pour peser de petits objets.

Matériel nécessaire

- [ ] une bouteille de plastique vide
- [ ] deux grandes feuilles de papier (ou de papier journal)
- [ ] deux cure-dents
- [ ] deux verres en carton (ou contenants de yogourt)
- [ ] de la pâte à modeler
- [ ] du sable (facultatif)
- [ ] six bouts de ficelle fine (tous de la même longueur)
- [ ] du ruban adhésif
- [ ] deux punaises
- [ ] un trombone

Fabrique ta balance

1. Étends une grande feuille de papier à plat sur ton pupitre et place un cure-dents en diagonale dans un coin, puis roule la feuille au complet en serrant le plus possible. Quand tu auras formé un rouleau solide, colle-le avec du ruban adhésif. Coupe les bouts afin d'obtenir un bâton droit; ce sera ton fléau.

2. Fais la même chose avec l'autre feuille pour obtenir un deuxième bâton. Insère une punaise (ce sera l'**axe** de rotation) à 1 cm du bout de ce bâton et mets-le dans la bouteille de plastique. Ajoute de la pâte à modeler autour du goulot de la bouteille afin de maintenir le bâton bien droit. (Tu aurais pu aussi mettre du sable dans la bouteille et y planter le bâton.)

3. Fabrique les deux plateaux en utilisant les verres de carton et la ficelle. Fais trois petits trous sur le bord des verres pour y enfiler les bouts de ficelle. Assure-toi que les ficelles sont toujours de la même longueur. Attache ensemble ces bouts de ficelles par un nœud.

4. Fixe avec du ruban adhésif chaque plateau à une des extrémités du fléau.

5. Trouve le milieu de ton fléau à l'aide d'une règle et fais une marque. Plante une punaise à cet endroit. Les deux plateaux s'équilibreront ainsi parfaitement.

6. Utilise le trombone pour suspendre ton fléau à la punaise insérée dans le bâton. Ton fléau devrait être en équilibre. Si ce n'est pas le cas, mets un peu de pâte à modeler sur le plateau le plus léger jusqu'à ce que les deux plateaux s'équilibrent.

Pèse des objets

Utilise ta balance pour peser des objets légers. Par exemple: dépose le capuchon d'un stylo-bille sur un plateau, puis mets des trombones sur l'autre plateau. Combien de trombones faut-il pour que la balance s'équilibre? Essaie maintenant avec d'autres objets…

Caroline McClish

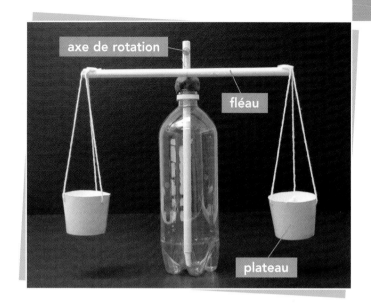

L'ascenseur :
l'ami inséparable du gratte-ciel

L'ascenseur fonctionne avec un moteur électrique
enroulant et déroulant un câble d'acier qui glisse sur une poulie.
Le poids de la cabine et de ses passagers est équilibré
par un contrepoids accroché à l'extrémité du câble. (Le moteur
ne fatigue pas, car il remorque seulement la différence de poids
qui existe entre les deux. La cage d'ascenseur glisse sur des rails.
Un frein de sécurité, conçu par l'Américain Elisha Otis,
bloque automatiquement la cabine en cas de bris.

Une structure fort simple

Quand ils montent à bord d'un
ascenseur, bien des gens ont peur.
Le câble va-t-il casser ? En fait, il n'y a
pas un, mais de trois à huit câbles
d'acier qui retiennent la cabine.

Comme tu peux le voir sur
l'illustration, ces câbles passent
dans une poulie située à l'extrémité
supérieure de l'étrier. L'étrier est
le cadre de métal qui soutient et
entraîne la cabine d'ascenseur.

Ces câbles passent ensuite dans
le moteur qui fait tourner la poulie.
À l'autre bout des câbles, on fixe
un poids assez lourd pour équilibrer
l'ascenseur. C'est le contrepoids.

Dans les anciens ascenseurs entourés
d'un grillage de même que dans
les modèles vitrés, on peut voir
passer le contrepoids au milieu
de l'édifice.

Lorsque l'ascenseur est arrêté,
un frein mécanique sur le moteur
maintient la cabine immobile.

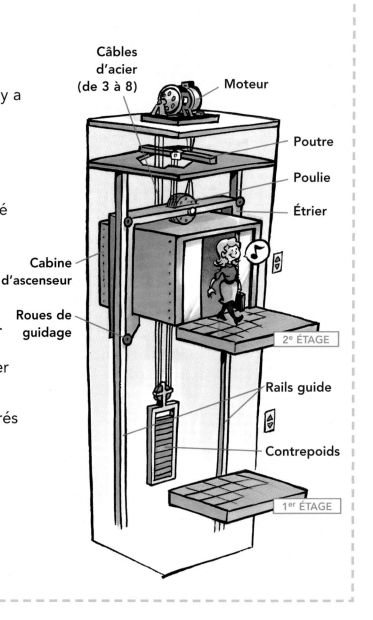

Câbles d'acier (de 3 à 8)
Moteur
Poutre
Poulie
Étrier
Cabine d'ascenseur
Roues de guidage
2e ÉTAGE
Rails guide
Contrepoids
1er ÉTAGE

Fabrique un ascenseur

Sais-tu comment fonctionnent les ascenseurs ?

Ils sont mus par un système de câbles et de poulies. Pour en comprendre le mécanisme, fabrique ton propre modèle !

- **Un cintre**
- **Un rouleau de carton (ou une bobine)**
- **Du fil**
- **Des pièces d'un dollar**
- **Des petits paniers de même format (des boîtes ou des enveloppes font aussi l'affaire)**

■ Enfile d'abord le rouleau de carton sur un cintre de manière qu'il tourne librement. Essaie de défaire le cintre pour y enfiler le rouleau. Si tu ne peux pas y arriver, taille ton rouleau sur la longueur et passe-le autour du cintre. Colle ensuite le rouleau de façon qu'il roule bien sur le cintre. Et voilà ta poulie !

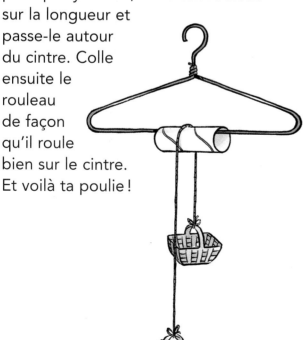

■ Suspends ton cintre à un objet solide (bord d'une table, tringle de rideau de douche, etc.).

■ Prends ensuite une ficelle d'un mètre de long et fais-la chevaucher le rouleau. Attache un panier à une extrémité. C'est la cabine de ton ascenseur.

■ Dépose une pièce d'un dollar (représentant des passagers) dans le panier-cabine et soulève-le en tirant sur l'autre bout de la ficelle. Tu dois appliquer une certaine force pour faire monter le panier.

Une question d'équilibre

■ Attache maintenant le second panier à l'autre extrémité de la ficelle. Déposes-y une pièce de monnaie. Résultat : les deux paniers sont en **équilibre**. Le second panier représente le contrepoids de l'ascenseur.

■ Fais monter le panier-cabine en tirant sur le panier-contrepoids. Les paniers étant équilibrés, il faut appliquer une **force** moins grande que tout à l'heure pour les faire monter et descendre.

Le contrepoids permet donc au moteur de travailler moins fort. «La loi du moindre effort»… tel est le principe du fonctionnement des ascenseurs !

«Fabrique un ascenseur», *Les Débrouillards*, n° 142, mars 1995, p. 9-10.

Quel temps fait-il aujourd'hui ? Quelle température fera-t-il demain ? Quelle heure est-il ? Quel âge as-tu ?

Nos vies sont réglées par le temps... le temps qu'il fait et celui qui passe. Le temps détermine bien souvent le choix de nos activités... Il fait beau pour un pique-nique ou il est temps de se coucher...

La météo et la chrono

Le vent parle...

Le vent parle, le vent revient.
Amis, ne me dites plus rien.
Il va pleuvoir, il va neiger.
Que de visages vont changer !

Le vent parle, le vent revient.
Le vent bat comme un cœur léger.
Il fait doux et clair ce matin;
Que de rêves je vais rêver !

Maurice Carême, «Le vent parle...»,
extrait de *L'oiseleur*, © Fondation Maurice
Carême, tous droits réservés.

Après la pluie

Il a plu. Les feuilles s'égouttent.
Le ciel est bleu. Le soleil luit.
Le vent passe à tout petit bruit.
Les fleurs des prés embaument toutes.

Les vitres ont des perles d'eau
Rondes et pleines de lumière,
Qui fondent lentement derrière
La mousseline des rideaux.

L'herbe est humide au bord des routes
Où les arbres font un ciel vert
Qui frissonne comme la mer.
Il a plu. Les feuilles s'égouttent.

Albert Lozeau, *Le Miroir des jours*,
Montréal, 1912.

Notre étoile, le Soleil

Le Soleil n'est qu'une **étoile** parmi tant d'autres. Si elle semble plus grosse et qu'elle nous éclaire plus que les autres, c'est parce que c'est l'étoile la plus proche de la Terre. Elle n'est qu'à 150 millions de kilomètres de nous !

Le système solaire

Notre système solaire est une infime partie de l'**Univers**. Il est composé du Soleil et de tous les objets qui tournent autour (c'est-à-dire neuf **planètes** et leurs **satellites**, des milliers de comètes, etc.) Les planètes de notre système solaire sont : Mercure, Vénus, Terre, Mars, Jupiter, Saturne, Uranus, Neptune et Pluton. Toutes ces planètes tournent autour du Soleil dans le même sens, mais à des vitesses différentes. Elles tournent aussi sur elles-mêmes, chacune à sa vitesse.

Le soleil et la température

Le Soleil est le maître de la météo. Pour comprendre son rôle, il faut savoir que les rayons du soleil sont absorbés par le sol. Celui-ci transmet ensuite sa chaleur à l'air. Le réchauffement de l'air entraîne des déplacements d'air. L'air chaud s'élève pendant que l'air froid prend sa place. Ces mouvements d'air donnent naissance au vent.

Au-dessus des cours d'eau, la chaleur du Soleil favorise l'évaporation. La vapeur ainsi produite monte et forme les nuages. En montant, les nuages se refroidissent, et se composent alors de gouttelettes d'eau et de cristaux de glace.

Bref, la température, le vent, les nuages et les précipitations sont liés à la présence du Soleil !

Il existe des étoiles 100 fois plus grosses que le Soleil !

Sans Soleil, pas de vie sur Terre

Le Soleil est à l'origine de toutes formes de vie sur Terre. En effet, la couleur verte des feuilles, appelée chlorophylle, emmagasine la lumière du Soleil et permet à la plante de produire sa propre nourriture à partir de l'air et de l'eau puisée dans le sol. Les animaux, eux, ne peuvent produire leur propre nourriture; ils se nourrissent de plantes ou d'animaux qui ont déjà mangé des plantes. Sans le Soleil, les plantes mourraient et les animaux ne pourraient plus se nourrir! Il n'y aurait alors plus de vie sur Terre.

L'énergie du Soleil

Il est possible de récupérer une partie de l'**énergie** du Soleil en utilisant des miroirs ou panneaux solaires qui renvoient les rayons à des appareils appelés capteurs solaires. La récupération de cette chaleur permet de chauffer l'eau, de faire cuire les aliments ou de fabriquer de l'électricité.

Attention !
ne regarde jamais directement
le Soleil ! Cela pourrait te causer
des dommages permanents
aux yeux.

Latin	Traduction en français	Nom de la journée
Dies Dominicus	Jour du Seigneur	Dimanche
Lunae dies	Jour de la Lune	Lundi
Martis dies	Jour de Mars	Mardi
Mercurii dies	Jour de Mercure	Mercredi
Jovis dies	Jour de Jupiter	Jeudi
Veneris dies	Jour de Vénus	Vendredi
Sabbati dies	Jour du sabbat	Samedi

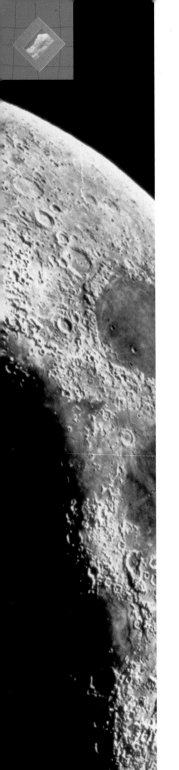

Notre voisine, LA LUNE

La Lune a l'apparence d'une boule, mais elle est plutôt ovale. Elle est assez petite : elle pourrait tenir tout entière à l'intérieur du Canada ! La Lune tourne sur elle-même et autour de la Terre. On dit d'ailleurs qu'elle est un **satellite** de la Terre. Elle est notre plus proche voisine ; les astronautes ont même pu y aller. Elle est tellement près qu'il est possible, par une nuit claire, de distinguer son relief avec des jumelles. Mais il ne faut pas oublier qu'elle est tout de même située à environ 380 000 km de la Terre.

AU CLAIR DE LA LUNE...

La Lune ne produit pas de lumière. Si elle brille, c'est parce qu'elle reflète la lumière du Soleil. La Lune fait le tour de la Terre en 29,5 jours. Au cours de ce cycle, elle passe par différentes phases. Ces phases correspondent à la portion éclairée que nous voyons de la Terre.

NOUVELLE LUNE	PREMIER CROISSANT	PREMIER QUARTIER	PLEINE LUNE	DERNIER QUARTIER	DERNIER CROISSANT	NOUVELLE LUNE

Au cours du cycle de la Lune, nous voyons toujours la même face. L'autre face de la Lune nous demeure toujours cachée.

D	L	M	M	J	V	S
19 nov.	20 nov.	21 nov.	22 nov.	23 nov.	24 nov.	25 nov.
26 nov.	27 nov.	28 nov.	29 nov.	30 nov.	1er déc.	2 déc.
3 déc.	4 déc.	5 déc.	6 déc.	7 déc.	8 déc.	9 déc.
10 déc.	11 déc.	12 déc.	13 déc.	14 déc.	15 déc.	16 déc.
17 déc.	18 déc.	19 déc.	20 déc.	21 déc.	22 déc.	23 déc.

Calendrier lunaire

Pour distinguer s'il s'agit du premier ou du dernier quartier de lune, pense à ce truc: le premier quartier a la forme de la boucle du **p** comme dans «premier». Le dernier quartier a celle du **d** de «dernier».

LA LUNE ET LES MARÉES

Au bord de l'océan, l'eau monte et couvre progressivement la plage. C'est la marée haute. Puis six heures plus tard, elle redescend: la marée est basse. La Lune est la cause principale des marées. Plus un endroit de la Terre est proche de la Lune, plus il est attiré par elle. Ainsi, lorsque la Terre présente un de ces océans à la Lune, celle-ci attire les eaux de cet océan. La marée monte alors à cet endroit. Que la marée soit haute ou basse, il y a toujours la même quantité d'eau dans l'océan. C'est comme si on étirait un ballon de caoutchouc en le pinçant, la quantité de caoutchouc n'augmente pas. Durant les marées, l'eau des océans se répartit différemment; le surplus des marées hautes vient des régions qui, au même moment, sont à marée basse.

Dans certaines régions du monde, les marées sont impressionnantes. C'est le cas dans la baie de Fundy en Nouvelle-Écosse (Canada). On note une différence de 17 m entre la marée haute et la marée basse. Ce sont les plus hautes marées au monde!

135

Copernic **et Galilée,**
de grands scientifiques

Jadis (c'est-à-dire au 6ᵉ siècle avant Jésus-Christ), on pensait que la Terre était plate, qu'elle reposait sur de solides colonnes et que le ciel la recouvrait. De telles croyances nous font bien rire aujourd'hui !

Heureusement, des scientifiques ont observé le ciel au fil des siècles, se sont posé des questions, ont mis en doute les idées de leur époque… et sont arrivés à d'incroyables découvertes. Parmi eux, on compte Copernic et Galilée.

Nicolas Copernic
(1473-1543)

À l'époque où vivait Copernic, on croyait dur comme fer que la Terre était le centre de l'**Univers**. On croyait aussi que le Soleil et les autres **planètes** tournaient autour de la Terre. Mais ce jeune astronome polonais viendra bouleverser ces croyances. Selon lui, c'est le Soleil qui se trouve au centre de l'Univers, et la Terre n'est qu'une planète parmi les autres. Elle ne serait qu'un petit point minuscule dans l'Univers qui tourne sur lui-même et autour du Soleil.

Dès 1510, Copernic est persuadé que sa théorie est la bonne. Mais pendant 30 ans, il poursuit ses observations et accumule des preuves. Il décrira ses découvertes dans un ouvrage composé de six livres, ouvrage qui paraîtra le jour même de sa mort. Pendant 70 ans, son ouvrage est quasi ignoré, jusqu'à ce que…

Galileo Galilei,
dit **Galilée** (1564-1642)

Cet astronome italien a, entre autres, inventé le thermomètre en 1592. Sa célébrité ne lui vient cependant pas de cette invention… mais plutôt d'une découverte formidable !

En 1609, Galilée enseigne la mathématique à l'université. Il entend parler d'une lunette qui permet de voir très très loin. Galilée se construit une lunette semblable et l'oriente vers le ciel. Il observe alors la Lune et constate qu'elle est couverte de montagnes et de cratères. On la croyait à l'époque parfaitement lisse !

Passionné, Galilée scrute le ciel jour et nuit, et fait une découverte extraordinaire en janvier 1610. Il aperçoit près de Jupiter trois petites **étoiles** qui n'étaient pas là la veille. Ces trois étoiles sont les **satellites** de Jupiter ; elles tournent autour de cette planète. Grâce à cette observation, Galilée croit maintenant que Copernic avait raison ! La Terre n'est donc pas le centre de l'Univers, et les planètes ne tournent pas autour d'elle. Elle est plutôt une planète comme les autres, qui tourne sur elle-même et autour du Soleil. Galilée publie alors son *Message céleste*, un livre dans lequel il expose ses découvertes.

Mais à cette époque, l'Église continue à dire que la Terre est le centre de l'Univers. On fait donc subir à Galilée un terrible procès et on l'oblige à déclarer publiquement qu'il a tort. Devant tout le monde, Galilée devra affirmer que la Terre est immobile. Il le fera… mais puisqu'il est convaincu du contraire, il ajoutera à voix basse cette phrase légendaire : « Et pourtant, elle tourne ! »

Sylvie Lucas

Le procès de Galilée

LES PRÉVISIONS MÉTÉOROLOGIQUES

Il paraît que la météo est l'un des sujets de conversation les plus fréquents. On comprend pourquoi : le temps qu'il fait influence beaucoup nos vies. Si on annonce une chaude journée ensoleillée, tu penseras à la baignade. Si on prévoit une journée pluvieuse, il vaut mieux te trouver un bon livre à lire !

Les dictons, jolis mais imprécis…

Autrefois, les gens observaient la nature et tentaient de prédire le temps qu'il ferait dans les prochains jours. Ils ont donné naissance à une multitude de savoureux dictons…

« Les oignons ont beaucoup de pelures, l'hiver sera dur. »

« Les vaches sont couchées, il va pleuvoir. »

« Abeilles agressives et mouches qui piquent annoncent l'orage. »

« L'hiver se poursuit six semaines lorsque la marmotte voit son ombre le 2 février. »

Certaines personnes se sont même inspirées du temps qu'il fait pour prédire l'avenir :

« S'il vente le jour de votre mariage, vous déménagerez souvent. »

Mais parfois leurs observations sont tombées pile ! Lorsque le coucher du soleil est rouge, lorsqu'il y a de la rosée durant la nuit ou qu'une légère brise de vent souffle de l'ouest, tu peux effectivement t'attendre à ce que le beau temps dure.

Quand météo rime avec techno...

De nos jours, l'énoncé de prévisions météorologiques est une affaire très sérieuse !

Il existe dans le monde 10 000 stations météorologiques. Chacune d'elles recueille, jour et nuit, de précieuses informations sur les conditions climatiques de la région qu'elle couvre. En effet, de nombreux appareils y mesurent la température, la vitesse et la direction des vents, l'humidité et la hauteur des nuages.

Les cônes de pins permettent de savoir si le temps sera sec ou humide ! Ils s'ouvrent par temps sec. Mais lorsque le temps est humide, ils se gorgent d'eau et les écailles s'amincissent.

Pour prendre ces diverses mesures, on utilise de nombreux moyens. Par exemple, des satellites lancés dans l'espace photographient la terre. Certains tournent autour de notre planète, d'autres restent immobiles. Ces satellites observent principalement la forme des nuages et la température. Des avions d'observation prennent eux aussi des photos, et mesurent la température et l'humidité. Enfin, on lance chaque jour dans le ciel des ballons sondes qui collectent diverses données.

Satellite

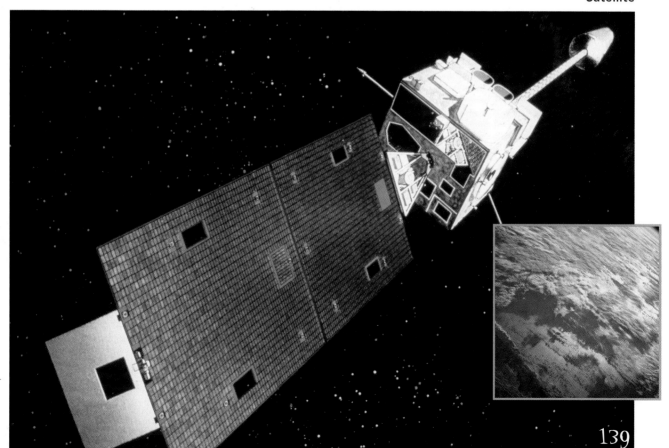

139

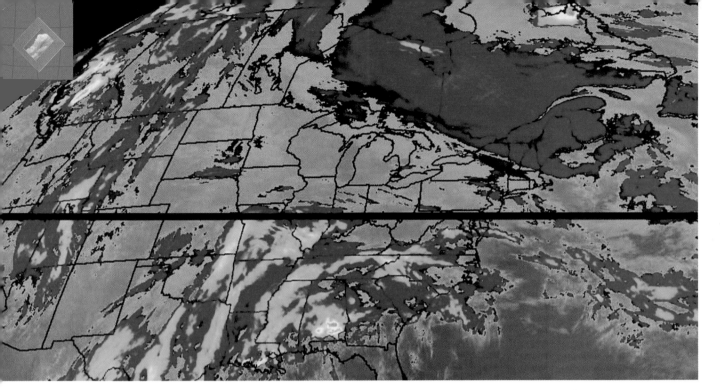

Photo indiquant les masses de nuages sur le Québec.

Jocelyne Blouin

Jocelyne Blouin

Certains rêvent d'être astronautes ou vétérinaires dès leur enfance. D'autres choisissent leur métier… par hasard. C'est le cas de la météorologue, Jocelyne Blouin.

Madame Blouin a d'abord étudié en physique. Elle songeait à se spécialiser dans ce domaine lorsqu'elle a appris qu'on avait besoin de météorologues. «Pourquoi ne pas me spécialiser dans cette branche?» s'est-elle dit. Aujourd'hui, le nez plongé dans ses cartes et calculs, elle se réjouit lorsque s'annoncent de grosses bordées de neige. Mais, comme bien des scientifiques, Madame Blouin aime partager ses connaissances. Elle donne des conférences à des jeunes du primaire, à des agents d'assurance ou à des personnes âgées. Elle leur parle de météo, de changements climatiques ou simplement de son travail. Son métier, découvert par hasard, est devenu une passion!

Sylvie Lucas

Toutes ces informations sont fournies à d'autres stations. Des ordinateurs très puissants font des calculs afin de prévoir l'évolution de la situation. On dessine alors des cartes, puis on soumet le tout à des experts, les météorologues, qui interprètent les données. Celles-ci sont essentielles, particulièrement pour les agriculteurs et les compagnies aériennes. Essentielles, mais pas toujours exactes malgré toute la technologie utilisée. C'est qu'on n'a pas encore réussi à bien comprendre tous les phénomènes météorologiques.

Sylvie Lucas

Certains oiseaux, comme les hirondelles, volent bas lorsque le temps est à la pluie. Ces oiseaux volent en fait à la même hauteur que les insectes dont ils se nourrissent. Quand le ciel est couvert et que le temps est frais, les insectes rasent le sol. Donc, les hirondelles les pourchassent… et volent bas!

Les orages

Pourquoi pleut-il ?

Durant les chaudes journées d'été, l'eau des cours d'eau s'évapore. Elle devient alors de la vapeur d'eau qui se condense et se transforme en nuages. Ces nuages sont constitués de fines gouttelettes d'eau qui deviennent de plus en plus lourdes, ce qui cause des précipitations. L'eau retombe alors sur terre sous forme de pluie ou de neige.

Les nuages de pluie

Il existe différents types de nuages. Certains d'entre eux, les cumulo-nimbus, sont responsables des orages. Ce sont d'énormes nuages, aussi hauts que le mont Everest !

Ces cumulo-nimbus sont formés de gouttelettes d'eau et de cristaux de glace. Ce mélange d'eau et de glace est brassé par des vents parfois violents. L'apparence ouateuse des nuages nous fait croire qu'ils sont légers. Pourtant, ils transportent des milliers de tonnes d'eau !

L'orage éclate !

À force de se frapper, les cristaux de glace et les gouttelettes d'eau produisent de plus en plus d'électricité. Quand il y a trop «d'électricité dans l'air», une décharge transperce le nuage de haut en bas en l'illuminant fortement. On aperçoit alors un éclair ! Cette décharge électrique a réchauffé l'air et lui a fait prendre plus de place. On entend soudain un grand «Bang !». C'est un coup de tonnerre !

Inutile d'avoir peur ! Habituellement, les orages sont de courte durée. Il suffit simplement de se mettre à l'abri dans la maison ou dans l'auto. Si c'est impossible, alors éloigne-toi des arbres et poteaux électriques, et ne reste pas près d'un cours d'eau.

Sylvie Lucas

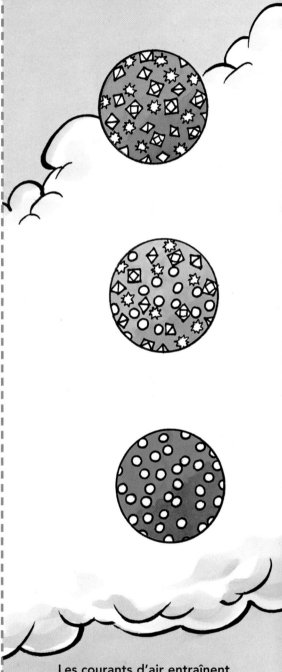

Les courants d'air entraînent les cristaux de glace dans la partie supérieure du nuage. Au centre, glace et eau se mélangent, se frottent, s'électrisent. Dans la partie inférieure, les lourdes gouttelettes d'eau s'accumulent. Bientôt, elles tomberont au sol sous forme de pluie.

Le temps qu'il fait et qu'il fera...

Plusieurs mots nous permettent de décrire le temps avec précision. Est-ce que tu les connais bien ? Fais le test ! Associe chaque mot à sa définition, puis vérifie tes réponses avec celles que tu trouveras à la page 149.

à la page 149.

1 Blizzard

2 Brouillard

3 Bruine

4 Brume

5 Frimas

6 Givre

7 Grêle

8 Grésil

9 Neige

10 Orage

11 Ouragan

12 Pluie

13 Poudrerie

14 Rosée

15 Verglas

a Brouillard léger.

b Précipitation de gouttes d'eau qui se transforme en glace au contact d'objets froids.

c Précipitation qui ressemble à la neige. Cette forme de précipitation est constituée d'aiguilles de glace qui se sont agglomérées au cours de leur chute ou de grains d'eau gelée. Dimension : de 2 à 5 mm de diamètre.

d Tempête dans les régions chaudes caractérisée par des vents violents d'au moins 118 km/h.

e Vent violent et très froid accompagné de neige. La neige qui tombe et celle poussée par le vent réduisent la visibilité.

f Précipitation de morceaux de glace compacte, appelés grêlons, mesurant de 5 à 50 mm de diamètre.

g Neige soulevée par le vent à des hauteurs d'environ 2 m, parfois plus.

h Masse nuageuse au sol.

i Dépôt sur l'herbe et les objets au sol de gouttelettes d'eau le matin et le soir. Ces gouttelettes se forment lorsque la température se refroidit la nuit. Si la température descend au-dessous de 0 °C, ces gouttelettes se transforment en givre.

j Précipitation de cristaux de glace, généralement en forme d'hexagones ou d'étoiles, rassemblés en flocons.

k Mince couche de glace qui se forme lorsque la vapeur d'eau se pose sur des surfaces très froides et qui gèle en formant parfois de jolis motifs.

l Pluies violentes ou grêle, accompagnées de forts vents, d'éclairs et de tonnerre.

m Vapeur d'eau qui se glace en tombant sur le sol.

n Précipitation sous forme de gouttes qui mesurent de 1 à 5 mm de diamètre.

o Précipitation sous forme de gouttes très fines (moins de 0,5 mm de diamètre) qui tombent très lentement.

LA TÊTE DANS LES NUAGES

Quel temps fait-il aujourd'hui ? Pour répondre à cette question, tu regardes généralement par la fenêtre. Tu sais bien qu'il suffit d'observer les nuages pour en savoir un peu plus sur le temps qu'il fait et qu'il fera.

Les nuages et les prévisions météorologiques

Les nuages ne flottent pas au hasard et ne sont pas indépendants les uns des autres. Ils sont de grands ensembles qui s'étalent sur des centaines de kilomètres. C'est pour cela qu'ils sont de bons indicateurs météorologiques. La forme, la couleur et la hauteur des nuages donnent des indications sur le temps qu'il fera dans les prochaines heures et dans les jours à venir. Apprendre à les reconnaître est indispensable pour prévoir le temps.

Cirrus

Cumulus

Quels sont les noms des nuages ?

Il existe trois grandes familles de nuages : les **CUMULUS**, les **STRATUS** et les **CIRRUS**.

Les **cumulus** ont une base aplatie et un sommet en forme de chou-fleur. Ils sont généralement synonymes de beau temps, mais ils peuvent s'assembler pour former des nuages de pluie. Lorsqu'ils sont très gros et très sombres, ils sont porteurs d'orage. Ces énormes nuages gris portent alors le nom de cumulo-nimbus.

Les **stratus** sont des nuages qui apparaissent bas dans le ciel. Ils le couvrent d'un manteau gris à travers lequel on peut parfois voir des trouées de ciel bleu. Ces nuages apportent une pluie fine et régulière ou une averse de neige. Dans cette famille de nuages, il y a aussi les cirro-stratus. Ces nuages forment un mince voile transparent très élevé dans le ciel. Ils annoncent eux aussi du mauvais temps.

Les **cirrus** sont de fins nuages qui ressemblent à des mèches de cheveux. Ils apparaissent très haut dans le ciel et annoncent du mauvais temps.

Comme tu le vois, observer les nuages peut t'en apprendre beaucoup sur le temps qu'il fait ou qu'il fera.

«La tête dans les nuages», *Mémo 4, Manuel A*, Boucherville, Graficor, 1996, p. 73-74.

Stratus

L'échelle de Beaufort

Pour décrire le vent, tu peux parler de sa direction (nord, sud, est, ouest, etc.) ou de sa vitesse en kilomètres à l'heure. Mais tu peux aussi décrire sa force en observant ses effets sur la nature et sur les objets autour de toi. C'est ce qu'a fait l'amiral Beaufort en 1805. Il a inventé une échelle de mesure à partir de l'observation des effets du vent sur les vagues et sur les navires. Son échelle a été adaptée pour un usage sur terre.

DEGRÉ DE L'ÉCHELLE (FORCE)	TERME DESCRIPTIF	EFFETS PRODUITS PAR LE VENT	VITESSE DU VENT (km/h)
0	Calme	La fumée s'élève verticalement.	< 1
1	Très légère brise	La fumée bouge, mais pas la girouette.	1 – 5
2	Légère brise	Les feuilles frémissent.	6 – 11
3	Petite brise	Les feuilles et les petites branches sont constamment agitées.	12 – 19
4	Jolie brise	Le vent soulève la poussière et les papiers.	20 – 28
5	Bonne brise	Les arbustes se balancent.	29 – 38
6	Vent frais	Les grandes branches et les fils électriques bougent.	39 – 49
7	Grand vent	Les arbres commencent à plier.	50 – 61
8	Coup de vent	Les petites branches des arbres se brisent.	62 – 74
9	Fort coup de vent	Les rafales causent des dommages aux constructions légères.	75 – 88
10	Tempête	Les arbres sont déracinés, les toitures abîmées.	89 – 102
11	Violente tempête	Les édifices subissent de graves dégâts.	103 – 117
12	Ouragan	Les arbres sont arrachés, les édifices s'effondrent.	> 118

«L'échelle de Beaufort», *Mémo 4, Manuel A*, Boucherville, Graficor, 1996, p. 37.

DÉCRIRE LE TEMPS QU'IL FAIT

Chaque jour à la même heure, note dans un tableau
les renseignements suivants:

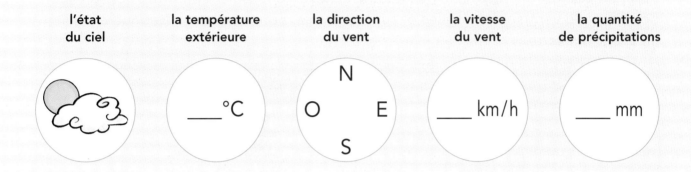

| l'état du ciel | la température extérieure | la direction du vent | la vitesse du vent | la quantité de précipitations |

Voici quelques pictogrammes qui peuvent t'aider
à décrire le temps qu'il fait.

Beau temps sec
et ensoleillé

Temps couvert

Neige

Ensoleillé
avec des passages nuageux

Pluie

Vent fort

Temps gris

Orage

Vent doux

Brouillard

Vent
faible

Petits laboratoires

Pour faire de la pluie en classe…

En sciences, on utilise souvent un modèle pour comprendre un phénomène. Un modèle, c'est en quelque sorte une représentation plus simple de la réalité. Voici donc un modèle qui te permettra de comprendre les étapes du cycle de l'eau.

Fais bouillir de l'eau dans une bouilloire et, avec des mitaines isolantes, tiens une casserole remplie de glaçons au-dessus de la vapeur. Que se passe-t-il?

1 Une partie de l'eau qui bout s'évapore; c'est l'**évaporation**.

2 La vapeur monte, puis se refroidit au contact de la surface froide de la casserole. C'est la **condensation**.

3 Des gouttelettes se forment, puis tombent lorsqu'elles sont devenues trop lourdes; ce sont les **précipitations**.

Compare cette expérience au cycle de l'eau.

1 L'eau des étendues d'eau est chauffée par le soleil et s'évapore.

2 La vapeur d'eau s'élève, se refroidit et se condense en minuscules gouttelettes qui forment des nuages.

3 Les gouttelettes deviennent de plus en plus grosses et tombent. C'est la pluie.

4 La pluie retourne dans les rivières, les fleuves, puis dans les océans; et le cycle recommence.

Pour comprendre comment se forme le vent...

Voici deux petites expériences qui t'aideront à comprendre comment se forme le vent.

1re expérience

- Allume une lampe sans abat-jour.
- Attends que l'ampoule soit chaude, puis saupoudre un peu de talc juste au-dessus d'elle.

2e expérience

- Découpe une spirale dans une feuille de papier et suspends-la au bout d'une ficelle.
- Tiens la spirale dans les airs. Est-ce qu'elle tourne?
- Tiens-la maintenant au-dessus de ton ampoule chaude.

Que se passe-t-il dans chacun des cas? Comment peux-tu expliquer cela? Pour t'aider à expliquer ce qui se passe, pense à ce que tu sais déjà sur l'air chaud et l'air froid. Comment est l'air au-dessus de l'ampoule? Comment se comporte l'air chaud?

Construire un anémomètre

Un anémomètre est un appareil permettant de mesurer la vitesse du vent. Fabriques-en un!

Si tu n'as pas exactement les matériaux proposés, ne te décourage pas et cherche dans ton milieu des matériaux qui pourraient les remplacer.

1. Fixe à angles droits quatre baguettes (ex.: brochettes de bois) dans une boule de polystyrène.

2. Insère un clou long et fin dans ta boule de polystyrène.

3. Cloue la boule sur un prisme rectangulaire ou sur un cylindre en bois ou en polystyrène.

4. Fixe le prisme sur une base.

5. Colle la base d'un gobelet à l'extrémité de chaque baguette en plaçant toutes les ouvertures dans le même sens.

6. Mets un ruban de couleur ou un élastique sur un des gobelets de façon à le distinguer des autres et à avoir un repère pour compter les tours.

Expose ton anémomètre au vent. Regarde ton «gobelet repère» et compte combien il fait de tours en 30 secondes. Divise ce nombre par 3 et tu obtiendras la vitesse approximative du vent en kilomètres à l'heure (km/h).

RÉPONSES

PAGE 33

Quel pont choisir ?

Projet n° 1: Tu as choisi…

- le *pont à poutres*: Malheureusement, ce type de pont a rarement une portée de plus de 75 m. Pour l'allonger, il faut ajouter travées et piles. Le problème, c'est que les gros bateaux ne pourront pas passer entre les piles.

- le *pont suspendu*: Bravo! C'est le pont idéal pour la circulation automobile sur une grande distance. Il permet aussi le passage des gros bateaux et résiste aux vents forts.

- le *pont en arc*: Malheureusement, pour franchir une distance de 3 km, il faudrait un pont à plusieurs arcs, ce qui ne permettrait pas le passage des gros cargos. De plus, un pont à un seul arc ne pourrait pas avoir cette portée sans s'effondrer.

Projet n° 2: Tu as choisi…

- le *pont à poutres*: Bravo! C'est le pont idéal pour franchir une petite rivière. Il est facile à construire et peu coûteux.

- le *pont suspendu*: Mauvais choix! Il coûte très cher à construire et sert généralement à franchir de grandes distances.

- le *pont en arc*: Ce type de pont pourrait être un bon choix. Mais choisis-en un plus simple et moins cher à construire!

Projet n° 3: Tu as choisi…

- le *pont à poutres*: Ce type de pont a rarement une portée de plus de 75 m, car plus il est long, plus il risque de s'affaisser. Aussi, pour passer au-dessus d'une falaise il faut des piles, mais la Ville n'en veut pas. Choisis un autre pont!

- le *pont suspendu*: Généralement, on utilise ce type de pont pour franchir des distances beaucoup plus grandes. Dans ce cas, tu dois traverser une distance de 200 m seulement. En plus, la Ville a demandé un pont sans pylônes et le pont suspendu en a deux! Choisis un autre pont!

- le *pont en arc*: Bravo! C'est un site idéal pour ce type de pont! Les parois de la falaise supporteront les butées. Ainsi, les pylônes et les piles ne sont pas nécessaires.

PAGE 71

As-tu l'esprit scientifique ?

Pour combien de questions as-tu décrit une expérience?

- **8 ou 9 questions**
  Bravo! Tu as probablement l'esprit scientifique! Tu t'intéresses à tout et tu adores formuler et explorer toutes les hypothèses.

- **De 5 à 8 questions**
  Bravo! Tu as probablement l'esprit scientifique! Tu cherches à expliquer les résultats que tu as obtenus et tu te demandes si tu aurais pu obtenir le même résultat autrement.

- **Moins de 5 questions**
  Bravo! Tu as probablement l'esprit scientifique! Tu es méthodique et tu as de la patience. Ce qui compte pour toi, c'est de bien tout noter afin de pouvoir

ensuite comparer les hypothèses à tes résultats et à tes découvertes.

Avoir l'esprit scientifique, c'est aussi partager tes découvertes avec les autres. Compare les expériences auxquelles tu as pensé à celles d'autres camarades. Ensemble, choisissez celles qui vous intéressent le plus, réalisez-les et présentez vos résultats.

PAGE 78

LES PROPRIÉTÉS DE L'AIR ET DE L'EAU

Explications

A. Les bulles dans les boissons gazeuses sont un gaz, le gaz carbonique. Lorsque tu mets un ballon sur le goulot de la bouteille que tu viens d'ouvrir, ce gaz s'échappe et gonfle le ballon.

B. Tout ce qui nous entoure a un poids ou une masse. L'air aussi. Par exemple, l'air contenu dans une petite pièce pèse environ 45 kg. C'est pourquoi il est impossible de soulever la feuille de journal. En effet, la masse de l'air presse sur toute la surface du journal.

C. L'air chaud occupe plus de place que l'air froid. Ainsi, lorsque tu mets la bouteille dans l'eau chaude, l'air à l'intérieur se réchauffe et le ballon se gonfle légèrement. Si tu places la bouteille dans la glace, la température de l'air à l'intérieur de la bouteille diminue. Tout comme toi lorsque tu as froid, l'air se contracte et occupe moins d'espace. Comme l'air froid prend moins de place, le ballon se dégonfle.

D. Lorsqu'on veut faire s'envoler une montgolfière, on chauffe l'air à l'intérieur du ballon. Pourquoi ? Parce que l'air chaud est plus léger que l'air froid. Le ballon gonflé avec de l'air plus chaud peut alors s'envoler. Le sac placé au-dessus d'un contenant d'eau chaude sera donc plus léger que celui dont l'air à l'intérieur a été refroidi avec les glaçons.

E. Même si on ne le voit pas, l'air occupe tout l'espace dans la bouteille. C'est pour cela que l'eau ne pouvait entrer dans la bouteille. Mais le trou dans le joint de pâte à modeler a permis à l'air de sortir et à l'eau d'y entrer. L'eau a donc pris la place de l'air dans la bouteille. De la même façon, l'air occupe déjà l'espace à l'intérieur du verre et empêche l'eau d'y entrer. La feuille de papier chiffonnée reste donc sèche.

F. L'eau s'évapore plus vite lorsqu'elle est chauffée, lorsque le vent souffle dessus et lorsqu'il y a une faible profondeur. Pour s'évaporer, les liquides ont besoin d'énergie, c'est-à-dire de chaleur. C'est ce qui explique que l'eau s'évapore plus vite à la chaleur qu'à l'ombre où il fait plus frais.

PAGE 117

Le levier, une machine bien utile !

1. c; **2.** a; **3.** a; **4.** a; **5.** a; **6.** b; **7.** b; **8.** b; **9.** c.

PAGE 142

Le temps qu'il fait et qu'il fera...

1. e; **2.** h; **3.** o; **4.** a; **5.** m; **6.** k; **7.** f; **8.** c; **9.** j; **10.** l; **11.** d; **12.** n; **13.** g; **14.** i; **15.** b.

GLOSSAIRE

Arche : construction en forme de demi-cercle.

Architecture : domaine qui traite de la construction des édifices.

Axe : longue pièce qui sert à faire tourner un objet sur lui-même.

Captivité : quand un animal est enfermé dans une cage, on dit qu'il est gardé en captivité.

Charge : poids.

Dalle : plaque qui recouvre habituellement le sol.

Éclosion : naissance des animaux qui se sont développés dans un œuf à l'extérieur du corps de leur mère.

Énergie : à tout instant, on utilise des engins pour se déplacer, fabriquer des objets, etc. Pour fonctionner, ces engins ont besoin de «quelque chose», tout comme on a besoin de nourriture pour vivre. Ce «quelque chose» est appelé énergie.

Équilibre : une personne ou un objet est en équilibre lorsque sa position est stable. Aussi, dans une balance à plateaux, il y a équilibre lorsque les deux plateaux contiennent une même masse et qu'ils sont au repos.

État : forme que la matière peut prendre (un solide, un liquide ou un gaz).

Étoile : boule de gaz en feu. Les étoiles émettent de la lumière et scintillent.

Fondation : dans une construction, c'est la partie enfoncée dans le sol qui en assure la stabilité.

Force : les forces permettent de pousser, de tirer des objets, de les écraser, de les plier ou de les tordre. Le vent qui soulève les feuilles, l'aimant qui attire des objets ferreux (qui contiennent du fer), l'enfant qui frappe un ballon du pied, sont des exemples de force.

Fouilles archéologiques : recherche que font les archéologues pour trouver des objets du passé et mieux comprendre la vie de nos ancêtres.

Friction : force qui ralentit un objet en mouvement quand il frotte contre une surface ou contre un autre objet. Il y a de la friction chaque fois que deux surfaces se touchent. Par exemple, il y a de la friction entre les pneus de ton vélo et l'asphalte de la rue, entre la lame de tes patins et la glace, etc.

Gaz : un des trois états de la matière. Un corps est gazeux lorsqu'il ne peut être tenu dans les mains, qu'il n'a pas de forme et qu'il s'échappe d'un récipient ouvert. L'air que nous respirons contient plusieurs gaz.

Horticulture : culture des fleurs, des légumes, des arbres et des arbustes qui donnent des fruits ou qui décorent.

Ingénierie : création de grands projets de construction en tenant compte des difficultés techniques, des coûts et des besoins des gens.

Liquide: un des trois états de la matière. Un corps est liquide lorsqu'il ne peut être tenu dans les mains, qu'il n'a pas de forme particulière, qu'il prend la forme du récipient qui le contient et qu'il s'écoule. L'eau et l'huile sont des liquides.

Mammifères: animaux qui ont une colonne vertébrale, une peau couverte de poils, une température interne du corps constante, et dont la femelle nourrit ses petits de son lait.

Masse: quantité de matière contenue dans un corps (objet ou personne). Elle se mesure en kilogrammes (kg). Ton corps a la même masse où que tu sois. Mais, sur la Lune, ton poids sera différent de celui que tu as sur Terre.

Mécanique: science qui traite du mouvement des corps et de la construction des machines.

Microbe: être vivant très petit qui ne peut se voir qu'au microscope. Il y a de nombreux microbes dans la nature; certains provoquent des maladies alors que d'autres sont utiles.

Nichoir: endroit où les oiseaux peuvent faire leur nid et couver leurs œufs.

Ondulation: mouvement en forme de vague ou de zigzag.

Organe: partie du corps qui remplit une fonction bien précise. L'œil, par exemple, est l'organe qui te permet de voir.

Planète: astre sans lumière qui tourne autour d'une étoile. La planète Terre tourne autour du Soleil qui, lui, est une étoile.

Poussée: force exercée sur un objet.

Poutre: grosse pièce de bois, de métal ou de béton utilisée dans la construction de maisons et d'édifices.

Prédateur: animal qui se nourrit d'un autre animal.

Préhistorique: se dit d'une période très ancienne de l'histoire durant laquelle l'humain n'utilisait pas encore de métaux et ne savait pas écrire.

Satellite: astre qui tourne autour d'une planète. La Lune est un satellite de la planète Terre.

Solide: un des trois états de la matière. Un solide est un corps que l'on peut tenir dans ses mains et qui a une forme précise. Il peut être dur, mou ou élastique. Le sable et le bois sont des solides.

Structure: dans une construction, la structure c'est en quelque sorte son ossature, son squelette.

Turbine: grosse machine qui utilise la force d'un liquide (par exemple l'eau) pour entraîner un mouvement rotatif (en rond) et produire de l'énergie.

Univers: toute l'énergie, toute la matière, tous les êtres vivants, toutes les planètes, toutes les étoiles, toutes les galaxies. Bref, l'univers c'est tout ce qui existe.